LES
SYNDICATS PROFESSIONNELS PATRONAUX
EN FRANCE

PAR

André CHALEIX

DOCTEUR EN DROIT
LICENCIÉ ÈS-LETTRES

PARIS

LIBRAIRIE NOUVELLE DE DROIT ET DE JURISPRUDENCE

ARTHUR ROUSSEAU, ÉDITEUR

14, RUE SOUFFLOT ET RUE TOULLIER, 13

—

1902

Les Syndicats professionnels patronaux

A LA MÉMOIRE DE MON GRAND-PÈRE

EUGÈNE DUBREUIL

Fondateur, en 1869, de la Chambre Syndicale de la Draperie.

A MON PÈRE

EUGÈNE CHALEIX

Vice-Président de la Chambre Syndicale de la Draperie.
Archiviste du Syndicat Général du Commerce et de l'Industrie

LES
SYNDICATS PROFESSIONNELS PATRONAUX
EN FRANCE

PAR

André CHALEIX

DOCTEUR EN DROIT
LICENCIÉ ÈS-LETTRES

PARIS
LIBRAIRIE NOUVELLE DE DROIT ET DE JURISPRUDENCE
ARTHUR ROUSSEAU, ÉDITEUR
14, RUE SOUFFLOT ET RUE TOULLIER, 13

1902

LES SYNDICATS PROFESSIONNELS PATRONAUX

EN FRANCE

> « Tenir compte du passé, dans
> une certaine mesure, mais en s'ap-
> puyant sur le présent, en analysant
> surtout l'actualité. »
> (BARBERET, *Monographies profess.*)

INTRODUCTION

Parmi les questions d'actualité, qui préoccupent, à
juste titre, les esprits, il n'en est pas de plus intéressante à étudier que celle des syndicats patronaux.

Peu connus, en général, car ils travaillent sans bruit
et ne cherchent guère l'occasion de faire parler d'eux,
ceux-ci ont une utilité réelle et, aujourd'hui, une vitalité
incontestable, grâce aux efforts incessants que nécessite
la concurrence étrangère et, trop souvent, le despo-
tisme (1) des syndicats ouvriers.

L'avenir est à la solidarité ; trop longtemps, en

---

(1) On pouvait lire, dernièrement, sur les murs de Paris, l'avis
suivant : « Les ouvriers cordonniers préviennent la clientèle de ne
plus faire réparer leurs chaussures le dimanche ; dans le cas contraire, elles seront coupées ou brûlées. »

France, on a voulu faire de l'individualisme, sans se préoccuper de ce qui se passait au dehors. La classe ouvrière se soude, s'apprête pour la lutte : par les syndicats, elle est déjà une puissance colossale ; les patrons doivent, nécessairement, en faire autant ; s'entendre et s'unir.

Ils l'ont, d'ailleurs, compris, et les institutions syndicales fondées par eux se sont développées progressivement ; pour résister à toutes les prétentions exagérées, ils se groupent, en vue de la défense méthodique de leurs intérêts.

On doit bien reconnaître que, de nos jours, la situation de l'industriel n'est pas toujours enviable : le combustible coûte cher, les frais de transport sont élevés, le prix de la main-d'œuvre augmente sans cesse ; le fabricant devient l'esclave de ses ouvriers ; son sort est lié, parfois, à leurs caprices (1). La situation des industries est donc bien moins favorable (2) qu'elle

(1) La statistique des grèves montre leur progression pendant ces dernières années :

Années	Nombre de grèves	Nombre de grévistes
1894	391	54.576
1895	405	45.801
1896	476	49.851
1897	356	68.875
1898	368	82.065
1899	739	176.772
1900	899	216.530

(2) La réponse faite par la Chambre syndicale des tourneurs, dé-

ne l'était, il y a même un quart de siècle ; en présence du développement considérable des groupements ouvriers, il devient indispensable, à tout chef d'entreprise, d'agir de concert avec ses collègues, et de prévenir les effets d'une concurrence ruineuse, faite par des voisins moins scrupuleux, ou placés dans des conditions particulières pour obtenir une main-d'œuvre à bon marché. On comprendra, très facilement, que les négociants et industriels d'une même ville s'accordent pour sauvegarder leurs débouchés menacés par un autre centre de production, soit dans le même pays, soit à l'étranger.

colleteurs et fabricants de vis cylindriques au questionnaire du ministre du Commerce est significative :

1. D. Le travail est-il plus ou moins abondant que l'an dernier à pareille époque ?

R. De moins en moins abondant.

2. D. Les cours des produits fabriqués, avec le prix de façon, s'il y a lieu, sont-ils, pour les patrons, plus ou moins rémunérateurs que l'an dernier à pareille époque ?

R. De moins en moins.

3. D. Ces cours, tarifs ou prix de façon, sont-ils en hausse ou en baisse depuis le précédent trimestre ? Citer quelques chiffres ;

R. Ventes en baisse ; façons en hausse.

4. D. Y a-t-il eu dans la région, et depuis le précédent trimestre, augmentation ou diminution du nombre des établissements en cours ?

R. Même nombre stationnaire.

5. D. Y a-t-il eu depuis le précédent trimestre augmentation de la durée du travail ?

Combien d'heures fait-on actuellement, en moyenne, par semaine ?

R. Très grande diminution (10 heures environ par semaine).

6. D. A quelles causes sont attribuées les variations ci-dessus indiquées ?

D. Pénurie d'affaires.

D'autre part, à la suite des progrès du machinisme, l'ouvrier a été réduit au rôle de manœuvre ; cette révolution dans les procédés du travail n'a pas été sans accentuer les groupements corporatifs, dont l'action tend à regagner, au point de vue matériel et moral, le terrain perdu, et à faire attribuer à tous les salaires réservés jadis aux plus habiles. « A la paix sociale a succédé, presque partout, une sorte de paix armée, sinon la guerre ouverte. Les machines, que certains considèrent comme devant améliorer les rapports entre les patrons et ouvriers en achevant l'affranchissement de ces derniers, semblent, au contraire, avoir augmenté le désaccord. Grâce à la transformation qu'elles ont opérée dans l'industrie, à l'agglomération ouvrière qu'elles ont provoquée, l'antagonisme s'est organisé ; il a pris un caractère d'impersonnalité plus redoutable. A la lutte individuelle a succédé la lutte des classes. » (Hubert Brice, *Les institutions patronales*.)

Comme conséquence, et par une réaction nécessaire, nous voyons se dessiner un mouvement semblable du côté des patrons : les syndicats patronaux, qui, à l'origine, étaient des associations d'étude, servant les intérêts particuliers de leurs membres, sont devenus, aussi, pour les industriels, groupements de défense : de la sorte, ils s'organisent et se complètent, afin de jouer un rôle plus général.

Les commerçants, surtout, ont fondé des syndicats très prospères : on discute, parfois, l'intérêt qu'ils peuvent avoir à se grouper; car il n'y a pas lieu, pour eux, de lutter contre des menaces de grève, ni pour établir les prix communs de main-d'œuvre, ou tous autres objets en vue desquels l'association syndicale a été créée. Mais, ne reste-t-il pas un vaste champ, où l'activité du commerçant doit s'exercer, en abordant les questions de transport, de la législation des faillites et liquidations judiciaires, des garanties à trouver contre des débiteurs de mauvaise foi, et tant d'autres où le concours des collègues est si utile? Le commerce, s'il ne produit pas, ménage les échanges et crée les relations.

On a trop fait la guerre au commerce, considéré comme un intermédiaire inutile; il n'est pas désirable qu'une partie aussi importante de la puissance économique, le commerce, se laisse entamer par la production, coalisée pour exercer contre lui ses rancunes les plus passionnées.

« L'association des producteurs est facile; elle entraînera nécessairement l'association des commerçants, et cela pour le plus grand bien de tous, car il est des coalitions qui doivent trouver leur contrepoids dans d'autres coalitions. Jamais l'évolution ne procède par de brusques mouvements qui changent de fond en comble la marche des choses; aussi la puissance commerciale continuera-t-elle, longtemps encore, à être un élément indispensable à la production de la richesse; mais il faut, pour cela, qu'elle s'organise et se discipline. Or, la vie commerciale, comme toutes les autres formes de l'activité humaine, aura son évolution propre dans un concours plus actif des individus. » (Albert Colas, président de l'Union des vins et spiritueux en gros.)

Beaucoup de points, dans les questionnaires adressés par le Ministère du Commerce (1), s'adressent à l'in-

---

(1)

MINISTÈRE DU COMMERCE
DE L'INDUSTRIE
des
POSTES et d. TÉLÉGRAPHES
—
Office du Travail
—
2o BUREAU
—
Syndicats professionn¹
et études
d'économie sociale
—

SYNDICATS PROFESSIONNELS

—

Département d.. ..

Arrondissement d.....

—

.....

.....

Dénomination exacte du Syndicat.. ..

Siège social.....
Date de la création.....
Date de la déclaration.....
Avis du Procureur de la République.....
Nombre de membres.....|

Noms
et
adresses
{ du Président.....
{ du Vice-Président.....
{ du Secrétaire.....
{ du Trésorier....,

dustrie ; mais il est bon que les commerçants signalent, de leur côté, la répercussion et les conséquences fâcheuses de l'agiotage effréné sur toutes les matières premières, les effets démoralisants produits par l'arrêt des commandes, l'effondrement des maisons prospères, les craintes des fabricants refusant des ordres (comme cela eut lieu lors du récent krach des laines).

Malheureusement, le monde commercial est divisé, et les nécessités de la vie quotidienne font prédominer les intérêts particuliers, à l'encontre de l'intérêt général. Les chambres syndicales patronales ne sont pas encore aussi puissantes qu'elles devraient l'être ; leurs adhérents étant plus nombreux, les intérêts du commerce ne pourraient qu'y gagner, par l'impulsion qu'ils recevraient du plus grand nombre.

INSTITUTIONS du SYNDICAT AYANT FONCTIONNÉ en 1898

Institutions créées	Répon. oui ou non	Institutions créées	Répon. oui ou non
Bureau ou office de placement.	...	Service de contentieux.	...
Bibliothèque professionnelle.	..	Conseil mixte de conciliation et d'arbitrage.	...
Caisse de secours en cas de maladie.	...	Publications (Bulletin, journal, annuaire).	...
Caisse de retraites.	...	(Indiquer à la suite, s'il y a lieu, les autres institutions créées par le Syndicat).	...
Caisse de chômage en dehors des cas de grève.	...		
Secours de route.	...		
Cours professionnels.	...		
Laboratoire d'analyses et d'expertises.	...		

Participation à des congrès professionnels ou autres. Lesquels ?

Mettant en commun toutes les activités et les intelligences, les syndicats doivent trouver dans leur initiative, les moyens propres à faire cesser les incertitudes qui résultent des conditions économiques. C'est par l'entente que le conflit économique se résoudra, car il n'appartient pas au gouvernement de prendre parti pour défendre des intérêts individuels, si respectables soient-ils ; son devoir est, au contraire, de s'élever au-dessus des compétitions, pour démêler l'intérêt général et y conformer sa conduite.

Dans l'ordre social actuel, à l'indépendance mal entendue qui isole chacun dans une sphère limitée d'actions égoïstes, se substitue l'association devenue indispensable, où les facultés de tous se développent dans une solidarité consciente, qui rend les efforts plus cohérents, les initiatives plus utiles, en vue de communs avantages.

« L'association ne supprime point l'effort individuel, elle le centuple ; elle fait de l'individu qui, la veille, luttait pour lui seul, isolé dans sa faiblesse, sans s'occuper des autres, un anneau de chaîne qui est d'autant plus forte et plus résistante que les anneaux sont plus nombreux et mieux réunis.

« Vous l'avez compris ; vous vous êtes groupés ; plus la science, cette reine du monde, nous révélera ses secrets, et plus il sera nécessaire aux êtres faibles et isolés que nous sommes, de nous unir, de nous grouper, et de faire de nos faiblesses un faisceau tout puissant qui vienne à bout des difficultés qu'aucun de nous, individuellement, n'aurait même pu affronter en face. »

(Extrait du discours prononcé par M. Millerand, ministre du Commerce, de l'Industrie, des Postes et des Télégraphes, le 27 mars 1902, au banquet de l'Union du Commerce des vins et spiritueux.)

La raison d'être des syndicats réside dans ce fait que nul n'a le droit de se désintéresser des questions générales, qui ont leur répercussion naturelle sur les hommes et les choses. Le besoin d'intervention collective est évident ; il y a trop de concurrence, trop de surproduction, trop de crises commerciales et monétaires, trop de faillites, trop de ruines, trop de malaises ; certaines individualités se sont enrichies d'une façon excessive ; les trusts qui se constituent pour accaparer, successivement, toutes les denrées commettent trop de brigandages ; la spéculation de la Bourse est véritablement effrénée ; il y a dans la grande industrie, dans les rapports des patrons et des ouvriers des quantités de relations qui ne sont pas organisées ; le mouvement socialiste de ce siècle n'est que le symptôme de ce besoin d'organisation sociale (1).

Quel a été le secret de la puissance des peuples commerçants de l'antiquité, Egyptiens, Phéniciens, Ioniens et Grecs, qui ont eu, pendant des siècles, le monopole du commerce ? C'est grâce à l'association que leurs

(1) HAURIOU, La limitation de l'Etat. *Revue politique et parlementaire*, 10 mars 1898, t. VII, p. 556.

flottes marchandes pouvaient parcourir le monde. Les Romains, eux aussi, évitant avec un soin scrupuleux toute cause de division, devinrent les fournisseurs, presque exclusifs, de tout le monde civilisé.

De nos jours, les syndicats anglais et les chambres de commerce allemandes ont amené la prospérité industrielle de leurs nationaux, car, très nombreuses, ces assemblées ont su éclairer les pouvoirs publics sur la véritable impulsion à donner au commerce; elles n'ont été écoutées que parce qu'elles sont admirablement organisées.

L'idée d'association est douée d'une force particulière, et par un retour instinctif et spontané vers des idées que l'on croyait, il y a cinquante ans à peine, ensevelies dans les ruines du passé, les syndicats sont le rétablissement, sous une autre forme, des corporations, lesquelles, malgré leurs inconvénients, avaient l'avantage de rendre la situation des patrons plus certaine et plus stable.

Dans tous les pays et dans tous les temps, il a existé des associations professionnelles ; en France, leur développement a forcé les pouvoir publics à les laisser vivre, sous le régime de la tolérance administrative. En présence de cette évolution, le gouvernement cherche, maintenant, à diriger le mouvement industriel et commercial, pour que les deux forces représentées par les syndicats patronaux et les syndicats ouvriers puissent se contrebalancer. Beaucoup de bons esprits, toutefois, voudraient faire proclamer le droit d'association libre, et se plaignent qu'il ne puisse s'exercer que sous la surveillance et avec l'autorisation du gouvernement.

La loi du 21 mars 1884 a bien réalisé un progrès ; mais, selon nous, elle n'a fait que tracer la voie dans laquelle doit s'engager la législation de l'avenir. C'est ainsi, par exemple, que les chambres syndicales patronales ne peuvent jouer, normalement, le rôle d'arbitres, l'article 6 n'ayant pas abrogé l'article 429 du Code de procédure. Il est vrai que, pour tourner la situation, le syndicat peut désigner un de ses membres pour le représenter comme arbitre ; mais ce membre n'aura pas la même autorité morale que la chambre tout entière. Il serait donc nécessaire qu'une disposition législative spéciale et formelle vint reconnaître aux chambres syndicales le droit de servir d'arbitres-rapporteurs, puisque le rôle de conciliateur est l'une des missions les plus hautes et les plus flatteuses qui puissent être confiées à un groupement corporatif.

Pour que les organisations syndicales soient puissantes, il faut qu'elles se maintiennent, en défendant les intérêts généraux du commerce et de l'industrie, en leur donnant toujours le pas sur les intérêts particuliers. Les vœux sérieusement étudiés et concernant une collectivité peuvent seuls être utilement émis (les administrations publiques ne prenant en considération que les réclamations ou indications ayant un caractère général), aussi, tous les commerces et toutes les industries ont-ils le plus grand intérêt à être représentés par une institution spéciale ayant autorité pour parler en leur nom : or, l'Union de syndicats n'est que la fédération, dans une même administration, de tous les syndicats particuliers; ayant pour but de synthétiser les idées émises des divers points du territoire et de l'étranger, et, par une active propagande, de travailler à leur réalisation. L'union établit un courant nécessaire de relations entre des éléments dispersés faits pour s'entendre, renseigne les syndicats et leurs membres sur les questions à l'ordre du jour, en un mot consacre l'entente commune des représentants libres et autorisés du commerce et de l'industrie. Souvent, une nouvelle chambre se crée sans capital ; elle est aidée, en recevant immédiatement de l'Union : local, services administratifs, statuts, impressions, etc. ; elle coûte pendant quelques années, et c'est seulement plus tard qu'elle couvre ses dépenses.

Comme le terrain est très vaste, ainsi qu'on peut s'en rendre compte par ces quelques considérations générales, il importe, dès le début, de délimiter, exactement, le chemin que nous comptons parcourir : Nous nous bornerons à étudier le fonctionnement des chambres syndicales patronales, en insistant sur leur utilité et les services, plus nombreux encore, qu'elles sont appelées à rendre par la suite ; la question des arbitrages et celle des unions de syndicats nous retiendront assez longtemps, vu leur importance ; enfin, rien ne fera mieux saisir le rôle de ces assemblées que d'indiquer, brièvement, leur attitude à l'égard de certaines lois et institutions actuelles, qui préoccupent le monde du travail.

Nous laisserons, certes, de côté toute une série de développements intéressants, nous bornant à suivre l'évolution des syndicats patronaux, puis à examiner de quelles réformes ils sont susceptibles.

L'étude de la loi de 1884, des conditions d'existence et de validité des syndicats, a déjà fait l'objet de la plupart des ouvrages écrits sur la question des syndicats ; de nombreux projets ont été déposés, tendant à modifier la loi de 1884 ; nous y ferons seulement allusion.

Ce qui vient d'être dit laisse pressentir la division adoptée ; après un rapide historique, nous aborderons l'étude de l'organisation actuelle des syndicats patronaux, en insistant, dans deux chapitres, sur les unions de syndicats et les arbitrages syndicaux.

1re partie. —   Etude historique.

2e partie. —   Organisation actuelle des chambres syndicales patronales.

      1. De leur utilité.

      2. De leur rôle.

      3. Des institutions fondées par elles.

3e partie. —   Arbitrages syndicaux ; conciliation et expertises.

4e partie. —   Unions de syndicats patronaux.

PREMIÈRE PARTIE

ETUDE HISTORIQUE (1)

Il n'est pas inutile de jeter un regard en arrière et
de retracer, à grands traits, l'évolution du droit d'association, en France : nous y verrons la démonstration
de ce fait qu'il existe certaines lois économiques essen-
tielles, vers lesquelles un peuple est toujours obligé de
revenir ; si la société du passé a vécu si longtemps
puissante et forte, c'est précisément parce qu'elle était
imprégnée de ces idées justes.

Les maîtrises et jurandes, supprimées par la Révolution comme trop exclusives, furent, pendant des siècles, la force du commerce français, et lui assurèrent
la prépondérance dans le monde entier, alors notre tri-
butaire. Les jurandes étaient, d'ailleurs, animées d'un
tel esprit de solidarité qu'un patron sans travail avait
le droit d'aller trouver ses confrères plus heureux, qui
devaient partager leurs travaux avec lui, aux mêmes
conditions que pour eux ; « L'esprit de corps se mani-

(1) Voir Hubert VALLEROUX. *Les corporations d'arts et métiers.*
aris, Guillaumin, 1885.

festait par des mesures de toute sorte, prises en vue de rendre égale la situation de tous les membres et de les faire profiter des avantages que le hasard offrait à quelques-uns. Ainsi, nous trouvons souvent des achats de matières premières faits par la corporation ; les marchandises achetées étaient ensuite réparties entre les membres de la communauté par lots tirés au sort. » (Hubert-Valleroux, *op. cit.*)

Aujourd'hui, la nécessité du groupement se fait, de nouveau, impérieusement sentir, en tenant compte du développement de la grande industrie, laquelle n'existait, pour ainsi dire pas, en 1791. La distance entre l'ouvrier et le patron n'était alors guère sensible, au point de vue pécuniaire ; et l'ouvrier pouvait, moins difficilement, devenir patron ; les formalités des maîtrises et jurandes opposaient à cela plus d'entraves que la question d'argent.

L'origine des corps de métier se trouve dans la nécessité où étaient les marchands et artisans du moyen âge de se défendre, pour pouvoir trafiquer et travailler, sans en être empêchés, ou sans payer au seigneur des droits trop onéreux. Ils se liaient par le serment, lien religieux, le plus fort à cette époque. Rapprochés ainsi par la même loi, le même intérêt, ils convenaient de certains modes de travail, adoptés par l'usage, et destinés à assurer la bonne confection du produit et son achalandage. Comme sanction, ils priaient le seigneur de donner à ces règles force de loi.

C'est qu'en effet, au moyen âge, la société était bien organisée : la coutume pouvait, sans heurt, se modifier et se plier aux exigences de la vie sociale ; en 1281, Nicolas Boileau, prévôt des marchands, indique dans le « Registre des mestiers » les règles de cent corporations parisiennes ; et, sans imposer de règles aux artisans, recherche celles qu'ils s'étaient données eux-mêmes.

L'organisation du travail supposait une collaboration de l'autorité publique intervenant par la loi, l'ordonnance ou le règlement municipal et du groupement professionnel ; peu à peu, l'autorité publique abandonna aux groupements, constitués entre gens de même profession, la réglementation, plus ou moins large, du métier.

Mais, l'obligation du chef-d'œuvre devint bientôt la règle générale, et l'ouvrier fut contraint de dépenser beaucoup pour devenir patron, tant en achats de matières premières qu'en cadeaux et banquets : la coutume avait donc rendu l'épreuve de la maîtrise plus longue et plus onéreuse, puisque, auparavant, le nombre des patrons n'étant pas limité, l'ouvrier qui gagnait deux sols par jour pouvait, tout en prenant le temps de parfaire son chef-d'œuvre, amasser de quoi payer le repas de corps. La Renaissance fit œuvre de destruction, et prépara le mouvement qui devait placer les corporations sous l'autorité directe de la royauté.

Les Valois, vu leurs grands besoins d'argent, profitèrent de cet état d'anarchie pour vendre les maîtrises au plus offrant ; et la difficulté du chef-d'œuvre assurait aux maîtres un véritable monopole. L'ordonnance de 1581, rendue par Henri III, avait pour but d'organiser en corps de métier tous les artisans du royaume : ainsi, le régime d'abord exceptionnel, devenait, désormais, la loi commune. Malgré l'opposition des Etats-Généraux de 1614, la royauté ne cessa de réglementer, de plus en plus le travail.

Le 23 mars 1673, pour renforcer l'ordonnance de 1581, un édit de Louis XIV prescrit l'incorporation dans les communautés de tous les artisans qui n'en font point encore partie, le renouvellement des statuts des communautés existantes et le paiement des sommes imposées à chacune d'elles. De nouvelles communautés sont instituées mais en exigeant de chacun des maîtres un droit très élevé. Cet édit est le point de départ de la réforme commerciale due à l'administration de Colbert, « ce ministre vraiment grand, mais trop porté à s'exagérer ce que peut faire l'autorité absolue pour rendre florissants le commerce et l'industrie. Colbert résolut de faire des règles qui obligeraient, non plus les artisans d'un seul corps d'Etat, mais ceux de la France entière. Il aurait voulu, pour chaque profession, une règle très détaillée, applicable à tout le royaume, si bien que le même produit eût été fabriqué de même par toute la France. » (Hubert Valleroux, *op. cit.*)

Les emprunts et les dettes augmentent avec Louis XV ;

et les maîtrises et jurandes vivent sous un régime d'exactions et de désordres. Aussi la corporation fut-elle cor-
rompue, sous l'influence de ces deux causes principales :
l'égoïsme, des maîtres jaloux de réserver à leur famille le
monopole de la maîtrise par les difficultés qu'ils met-
taient à l'admission, et la politique fiscale des rois qui
vendaient les droits de maîtrise au plus offrant.

Turgot, dont l'esprit généreux et libéral cherchait
des réformes fécondes (1), vit dans la suppression complète des maîtrises et jurandes le seul moyen de remé-
dier à la situation (édit de 1776 signé par Louis XVI).
Mais les intéressés et le Parlement résistèrent, soutenus
par l'opinion publique, laquelle se mit du côté des
opprimés ; une si grave mesure, qui lésait tant d'intérêts
et rompait une organisation vieille de cinq siècles ayant
été décrétée subitement, sans enquête, sans avis préalable, l'édit fut rapporté au bout de quatre mois ; les six
corps et les quarante-quatre communautés furent réta-
blis sur de nouvelles bases. Toutefois, un grand nombre
de corporations ne se relevèrent pas, et le grand mou-

____

(1) Préambule de l'Edit :
Dans presque toutes les villes, l'exercice des arts et métiers est
concentré dans les mains d'un petit nombre de maîtres réunis en
communauté, qui peuvent seuls, à l'exclusion de tous les autres
citoyens, fabriquer ou vendre les objets du commerce particulier,
dont ils ont le privilège exclusif, en sorte que, ceux qui se destinent
à l'exercice des arts et métiers ne peuvent y parvenir qu'en acqué-
rant la maîtrise, à laquelle ils ne sont reçus qu'après des épreuves
aussi longues et aussi pénibles que superflues, et après avoir satisfait à des droits ou à des exactions multipliées.

vement révolutionnaire acheva leur désagrégation. L'assemblée constituante en vint, dans la nuit du 4 août 1789, à décréter la réformation des jurandes. Le cadre des corporations étai_, du reste, devenu trop étroit pour le développement du commerce et de l'industrie; mais l'abolition de ces institutions devait bientôt donner lieu à la formation de nouveaux groupes.

Le décret-loi des 14-17 juin 1791 prohibe toutes associations volontaires entre gens de même métier, comme attentatoires à la liberté du travail et des transactions. La Révolution française avait donc proclamé la liberté du travail, faisant, en cela, œuvre radicale et durable; mais, dans sa haine pour les jurandes, les maîtrises et autres institutions du passé, elle avait dépassé le but en interdisant l'association qui, à ses yeux, n'était qu'un moyen de revenir à ces corporations tyranniques (1) et privilégiées qu'elle venait de détruire.

En 1803, les abus auxquels avait donné lieu la liberté illimitée du travail motivèrent des plaintes des villes de fabriques au Conseil d'État. Regnault de Saint-Jean-d'Angély, dans un rapport, proposait d'autoriser la formation de chambres consultatives d'arts et métiers.

(1) Exposé des motifs de la loi de 1791, par Chapelier : « Il n'y a que l'intérêt particulier de chaque individu et l'intérêt général ; il n'est permis à personne d'inspirer aux citoyens un intérêt intermédiaire, de les séparer de la chose publique par esprit de corporation ».

Ces quelques considérations préliminaires feront mieux comprendre dans quelles conditions put se former, en 1808, la première chambre syndicale patronale. Les maîtres-charpentiers qui, dès 1807, avaient leur siège, 151, rue de la Mortellerie, furent organisés, définitivement, sous le nom de « *bureau* des entrepreneurs de charpentes » titre répondant bien au caractère de la nouvelle institution (trois délégués élus représentaient la corporation), en vertu d'une ordonnance de police du 7 décembre 1808, prise en conformité des lois anciennes et de celles des 1er brumaire an VII, 12 messidor an VIII et 23 germinal an II. Le Gouvernement tolérait, encourageait même la réunion des entrepreneurs du bâtiment pour traiter les questions professionnelles (1), approuvait les statuts.

En 1809 et 1810, adhérèrent les entrepreneurs de maçonnerie et de pavage, dont les *bureaux* furent établis de la même façon. Le caractère syndical n'apparaissait pas encore nettement, l'entrée dans la chambre étant obligatoire, et les entrepreneurs ne pouvant s'abstenir d'en faire partie.

Sous le Consulat et l'Empire, la question du réta-

____

(1) 1808. Rapport approuvé par l'Empereur disant que l'administration ne serait amenée à interdire les chambres syndicales que si, contrairement aux principes posés par l'Assemblée Constituante dans la loi du 17 juin 1791, elles venaient à porter atteinte à la liberté du commerce et de l'industrie, ou si elles s'éloignaient de leur but pour devenir, à un degré quelconque, des réunions politiques non autorisées par la loi.

blissement et de la réorganisation des corporations fut posée : Napoléon se rendait parfaitement compte que le régime corporatif avait été décrié surtout par les abus qui s'y étaient glissés ou les usages surannés qui y avaient persisté : jusqu'au jour de ses revers, il chercha, de propos délibéré, son point d'appui dans la classe des manufacturiers, beaucoup plus que dans celle des ouvriers, dont il appréhendait la turbulence. En 1804, une pétition des négociants en vins, réclamant le rétablissement de ce corps d'état, se heurta à l'opposition de la Chambre de Commerce de Paris, institution semi-officielle aux mains du grand commerce. Vital Roux s'inspirant des idées physiocratiques fit un rapport (1) destiné à combattre ce rétablissement. En 1812, l'Empereur chargea le Conseil d'État de lui présenter un projet sur la reconstitution des corporations : les événements qui suivirent ne lui permirent pas de le mettre à exécution. L'Empire avait, d'ailleurs, ajouté à la loi de 1791, pour la renforcer, les articles 291 à 294 du Code Pénal (car toute chambre comprend plus de vingt membres).

Sous la Restauration, de nombreuses pétitions pour

(1) « Le système des corporations a quelque chose de séduisant au premier aspect ; il a un air d'ordre et de régularité qui plaît aux bons esprits, parce que tous les bons esprits aiment l'ordre... mais, nous croyons qu'on peut distribuer en trois classes les partisans de ce système : les personnes qui en espèrent des places ou des emplois, celles qui en attendent des privilèges, et celles qui, sans trop avoir examiné leur utilité, ne désirent leur rétablissement que parce qu'il y en avait autrefois. »

obtenir la reconnaissance des associations patronales, échouèrent devant la résistance opiniâtre des chambres de commerce ; 34 professions avaient rédigé un rapport au roi demandant le rétablissement des corporations, contre-partie exacte de celui de Vital Roux. (Les signataires y dénoncent la démoralisation croissante du commerce, la rupture de l'ancienne solidarité entre patrons et ouvriers.) Les chambres syndicales, désireuses de voir renaître une juridiction professionnelle, qui leur paraissait un complément nécessaire de leur organisation, encouragèrent les tentatives faites alors. Le gouvernement de juillet se montra plus rigoureux envers toute association ; quoique tolérant les syndicats de patrons, il cherchait à enrayer le mouvement ouvrier, et la loi du 10 avril 1834 frappait les associations partagées en sections de moins de 20 personnes. Du reste, le gouvernement de juillet se plaça toujours, nettement, sur le terrain de la loi de 1791. Ainsi, M. Leclerc, entrepreneur de peinture en bâtiment ayant projeté d'établir, dans son établissement, un système de participation aux bénéfices, l'autorisation lui fut refusée par le préfet de police, en raison de la loi de 1791.

Et cependant, l'union se faisait, malgré la prohibition, du côté des patrons comme de celui des ouvriers ; l'association était déjà tolérée par le pouvoir, malgré le principe posé par les lois de mars et juin 1791, d'après lesquelles il ne pouvait y avoir place pour aucun corps intermédiaire entre l'intérêt général et les intérêts particuliers ; car les patrons parviennent, presque toujours, quelle que soit la législation, à sauvegarder leurs intérêts : leur petit nombre, leur fortune, leur instruction, leur habitude des affaires leur donnent, facilement, les moyens de s'entendre.

La liberté d'association, décrétée en 1848, dura peu, et le second Empire protégea, plutôt, les classes ouvrières. Mais, prohibées en droit, les associations patronales se développèrent, en fait, et, jusqu'à la loi de 1884, leur fonctionnement n'a guère été entravé. « C'est qu'en effet, il n'y avait là aucun danger social, aucune atteinte à la liberté de l'industrie, puisqu'il demeure toujours loisible aux chefs d'établissement de ne pas s'affilier aux chambres syndicales ; ceux même qui en font partie conservent une complète indépendance relativement à la direction de leurs affaires. » (Cauwès. *Cours d'économie politique*.)

Les premières associations syndicales se sont formées du côté des patrons, dans les principaux centres industriels ; mais celles de l'industrie parisienne sont les plus importantes.

Elles se proposaient, aux termes de leurs statuts, un triple but :

1° Veiller aux intérêts généraux de la profession, et se faire, auprès des pouvoirs publics, les interprètes des vœux de la corporation ;

2° Fournir des arbitres compétents au tribunal de

commerce et s'efforcer d'obtenir, par l'organisation d'une juridiction arbitrale intérieure le règlement des litiges entre leurs membres;

3° Concilier, si faire se pouvait, les conflits qui viendraient à s'élever entre patrons et ouvriers, ou si toute conciliation échouait, établir entre les patrons une solidarité qui leur permît de résister utilement aux revendications des ouvriers, lorsqu'elles seraient jugées inacceptables.

(Martin Saint-Léon. *Histoire des corporations de métier.*)

On ne comptait encore à Paris que onze syndicats en 1845, et ces associations étaient à peu près inconnues en province.

Le premier groupement date de 1848, sous le nom de Chambre syndicale du bâtiment, ou groupe de la Sainte-Chapelle (du nom de la rue où il tenait ses réunions). Ce groupe n'avait, du reste, aucune unité ; il ne s'était formé que par raison d'économie. Le même personnel servait à toutes les chambres : elles avaient plus de facilité pour organiser un service de contentieux et de renseignements, chacune gardant, d'ailleurs, son autonomie. En 1858, au moment où le gouvernement impérial se montrait favorable aux ouvriers, un nouveau et important groupement syndical, l'Union du Commerce et de l'Industrie (qui fut en même temps société de propagande pour favoriser la création de nouveaux syndicats) naquit de l'inspiration d'un particulier, M. Pascal Bonnin, et se développa comme l'accessoire d'une sorte d'agence créée pour mettre certains services (renseignements sur la solvabilité des clients, contentieux, assurances, journal, salles de lecture) à la disposition des industriels et commerçants, moyennant une cotisation de 30 francs par an. Les associations à partir de 1852, sous l'influence de l'activité industrielle et commerciale, se développèrent ; et en 1867 on comptait, à Paris, plus de 50 chambres syndicales patronales, en 1869, plus de 80.

Les fondations de syndicats ouvriers reçurent, l'approbation des chambres syndicales patronales : le président de l'Union nationale, M. Allain, disait : « Dans le cours de cet exercice (1868-1869), des syndicats ouvriers se sont organisés et ont cherché à se mettre en rapport avec les syndicats de patrons ; nous avons dû applaudir à cette organisation, qui donne aux ouvriers un centre d'action et, chez eux comme chez les patrons, doit élever le niveau de la moralité intellectuelle. »

L'absence de législation, l'inexistence légale des syndicats n'était, d'ailleurs, pas sans inconvénients : en 1874, un archiviste emportait les fonds, sans qu'on pût le poursuivre. La liberté d'association était réclamée par tous ; la loi du 25 mars 1864 avait supprimé le délit de coalition, mais sans accorder le droit d'association, et M Duvert disait, le 13 juin 1876, au Congrès des architectes : «L'origine du mal, réside dans l'abolition des corporations, décrétée en 1791... c'est à la suppression des jurandes, des maîtrises et des corporations qu'il faut faire remonter le mal dont nous souffrons tous. » (*Annuaire de la société des architectes*, année 1876). Une proposition de loi de M. Lockroy, déposée en 1876, tendait à donner l'existence légale aux syndicats ; mais cette proposition, mal accueillie, n'aboutit pas. Les syndicats patronaux étaient séparés en deux courants à tendances plus ou moins libérales : certains de leurs membres estimaient que le régime de la tolérance était suffisant, le maintien de la législation prohibitive ayant même l'avantage de pouvoir un jour servir contre les syndicats ouvriers : d'autres, quoique progressistes, repoussaient aussi la proposition, ne voulant pas de lois spéciales aux associations professionnelles, patronales ou ouvrières. « Ainsi, les patrons, poussés par une crainte instinctive contre toute règle et toute formalité nouvelle, se déclarant satisfaits de leur situation actuelle, ne voulaient pas voir combien était précaire cette liberté qui ne dépendait que des dispositions du pouvoir exécutif, c'est-à-dire d'une autorité bien peu stable. Une loi l'est davantage. » (Hubert Valleroux, *op. cit.*)

En juillet 1881, les chambres syndicales patronales étaient déjà assez puissantes pour organiser une exposition française à Melbourne, en un mois, sur l'invitation du gouvernement, qui s'était vainement adressé aux chambres de commerce. Un arrêté du Ministre de l'Intérieur, en date du 15 avril 1882, sur la réglementation du travail dans les maisons centrales, stipule que les types des principaux objets à fabriquer ou à confectionner seront soumis à l'examen des chambres syndicales compétentes

« Les corps consultés consignent leur avis motivé sur les documents qui leur sont communiqués, en y joignant telles explications complémentaires qu'ils jugent utiles. Ils sont tenus, notamment, de déclarer s'il y a identité complète entre les types soumis à leur examen et les produits de l'industrie libre ; dans le cas où ils signaleraient une différence, ils devront en établir le chiffre proportionnel et y avoir égard dans leurs appréciations. »

Au moment de la promulgation de la loi de 1884, il existait à Paris, 185 syndicats patronaux comprenant 25.000 membres.

Cette loi de 1884, en régularisant l'existence des chambres syndicales, depuis longtemps créées, mais non autorisées, est venue hâter encore le développement de ces utiles institutions (1), qui n'a fait que s'accentuer, car aucun groupement ne peut avoir d'action légale efficace s'il ne possède, à titre collectif, certains droits attachés à la personnalité civile.

On peut se demander pourquoi la loi émancipatrice,

(1) En 1884, 101 syndicats patronaux ; au premier janvier 1901 : 2382 syndicats patronaux comprenant 170.030 membres.

longtemps en projet (1) n'a pas été votée plus tôt, alors qu'elle avait seulement pour but de consacrer un état de choses existant depuis longtemps, et pourquoi, par une inégalité administrative qui renforçait encore l'inégalité réelle (réalisée par la loi de 1791 sous couleur d'égalité), les seules chambres syndicales tolérées par le second Empire étaient, en fait, les chambres syndicales de patrons : c'est que l'on craignait que les chambres syndicales ouvrières, le plus souvent occultes ou formées irrégulièrement, ne tendissent à s'arroger la police du métier, en limitant le nombre des ouvriers, et en imposant aux patrons le règlement des ateliers ; les syndicats ouvriers, sont, à notre époque (la chose n'est pas niable), dominés par une tendance révolutionnaire : les chefs mettent l'interdit sur les ouvriers non affiliés et veulent se servir du syndicat comme d'une arme à l'adresse de la société capitaliste ; quelquefois même, la grève s'efforce de ruiner l'industriel en le contraignant à souscrire à des clauses inacceptables. Or, la difficulté consistait à réglementer la liberté corporative, de manière à éviter la reconstitution des anciens privilèges de maîtrise, et à maintenir intact le principe de la liberté individuelle du travail.

Pour nous résumer, sous le régime de tolérance antérieur à la loi du 21 mars 1884, les chambres syndicales de patrons avaient déjà pris une large extension ; elles

(1) Projet de loi présenté le 22 novembre 1880 ; promulgation de la loi : 21 mars 1881.

s'étaient multipliées et groupées, devançant la constitution plus lente et plus timide des chambres syndicales ouvrières.

Depuis, les associations ouvrières ont prospéré ; leur développement a été plus rapide ; leurs adhérents sont comparativement plus nombreux. Vivaces, compactes, armées, pour la défense, souvent pour l'attaque, prêtes à soutenir toutes les revendications, quelquefois déterminées aux contraintes et aux oppressions les moins justifiées, elles ont su prendre un rôle prépondérant, et tendent, de plus en plus, à grouper tous les ouvriers. Au contraire, les chambres syndicales patronales semblent avoir réuni, surtout, les patrons de la catégorie moyenne, les commerçants plutôt que les industriels ; ce ne sont, ni les petits patrons — dont les intérêts sont trop particuliers — ni les grands fabricants, — assez puissants pour se défendre eux-mêmes, et jaloux de conserver pour eux seuls les secrets de leurs inventions et le bénéfice de leurs relations extérieures— qui font partie des syndicats patronaux. On y rencontre nombre d'intermédiaires, préoccupés, avant tout, de la question des débouchés, et c'est là ce qui explique que leur action ne soit pas dirigée, principalement, vers les questions sociales et ouvrières.

DEUXIÈME PARTIE

ORGANISATION ACTUELLE DES CHAMBRES SYNDICALES PATRONALES

CHAPITRE PREMIER

DE L'UTILITÉ DES SYNDICATS PATRONAUX (ÉTUDE SPÉCIALE DU DROIT D'ESTER EN JUSTICE)

L'organisation patronale du commerce et de l'industrie se manifeste dans plusieurs sortes de groupements, ayant chacun leur caractère propre :

A la base, et plus près des individualités qui les composent, nous trouvons le syndicat patronal, ayant son autonomie, quoique faisant partie, ordinairement, d'une union.

Puis, un organisme judiciaire et officiel, représenté par les conseils de prud'hommes et les tribunaux de commerce.

Enfin un groupement administratif et officiel : les chambres de commerce, d'une part ; le conseil supérieur du travail et les diverses commissions instituées au ministère du Commerce, d'autre part.

Il va sans dire que toutes ces institutions doivent s'harmoniser et se compléter les unes les autres ; c'est ainsi que les syndicats seront appelés à choisir, en fait, les membres des tribunaux et des chambres de commerce ; leurs présidents feront partie des conseils spéciaux du commerce et de l'industrie ; —récemment, lorsque l'on a songé à créer les conseils du travail, on a fait appel à la coopération des syndicats patronaux.

Mais, les attributions de ces divers groupements, les premiers reconnus, les autres organisés par la loi, sont essentiellement différentes, en tant que chacune de ces assemblées répond à des besoins divers ; c'est ainsi que le syndicat, spécialisé, ne comprend, dans la très grande majorité des cas, que des patrons exerçant la même profession.

À nos yeux, l'association des industriels et des commerçants travaillant dans un but commun ne s'est jamais faite plus heureusement que par la création des chambres syndicales, lesquelles se proposent d'arriver à une meilleure organisation du travail, en tenant compte des observations suggérées par une pratique journalière de la profession.

« Les chambres syndicales groupent de véritables autorités sociales, connues par leur expérience des affaires. Elles sont formées des membres qui, dans chaque profession, s'occupent avec compétence, avec passion, des intérêts généraux. Il est donc naturel que le gouvernement prenne ces chambres syndicales comme les organes autorisés des intérêts généraux des corporations, qu'il ait recours à leur expérience, et qu'il les considère comme le pivot de l'organisation du travail. « (Fontaine, directeur du travail au ministère du Commerce.)

C'est par la cohésion seule que les patrons ont chance d'obtenir des pouvoirs publics la modification des lois jugées défectueuses, et de défendre, ainsi, les intérêts généraux de la corporation, qu'ils connaissent mieux que personne et discuteront avec compétence. Les concurrents irréductibles de la veille sont les bons et loyaux confrères du lendemain. Et nous avons pu voir, dans la partie historique, combien l'association est une liberté nécessaire, puisque les lois faites à son préjudice ont été violées dans tous les temps, le plus souvent, avec impunité.

M. Tolain, dans son remarquable rapport au Sénat, montrait bien la nécessité des chambres syndicales : « Depuis un siècle, une véritable révolution économique s'est accomplie ; tout s'est transformé autour de nous, les méthodes de travail comme les procédés industriels, l'organisation du crédit comme les conditions de l'échange ; la grande industrie fait disparaître le petit atelier, et l'homme isolé ne peut rien. »

Certains prétendent que les chambres de commerce seraient suffisantes pour représenter le commerce et l'industrie. A ceux-là, M. Hubert-Valleroux répond fort justement : « Mais, d'abord, les chambres de commerce n'existent que dans quelques grandes villes ou centres

industriels importants ; puis, elles se composent seulement de quelques membres : c'est-à-dire que toutes les
professions n'y sont pas représentées, que très peu
même peuvent l'être ; or, les diverses professions ont
des intérêts très distincts. De plus, les chambres de
commerce peuvent-elles concilier les litiges et fournir
des arbitres aux tribunaux de commerce, s'occuper de
l'apprentissage, du placement des ouvriers ? Les représentants d'une seule profession peuvent s'occuper de
ces objets si divers, ce qu'on ne saurait demander à
quelques grands industriels, accablés d'affaires, et qui
s'y dérobent à peine pour venir siéger dans les chambres de commmerce. »

Aujourd'hui, il faut centraliser des capitaux considérables, diviser le travail ; dans les grandes administrations, comme il est impossible de convoquer tous les
actionnaires, on remet à des conseils nommés et sur-
veillés par des assemblées d'actionnaires, le soin de gé-
rer l'exploitation, de se renseigner sur l'état du marché,
de créer des débouchés : c'est là ce qui constitue l'unité
de direction et la rapidité de l'exécution, indispensable
au succès. Or, tous ces conseils représentent, en quelque manière, vis-à-vis des compagnies, le syndicat vis-
à-vis de la profession tout entière : les chambres servent aux patrons de point de ralliement, centralisent
les observations et prennent toutes mesures jugées
nécessaires. De la sorte, chacun dispose, à lui seul, de la
force qui réside dans l'association, prise en général.

Très souvent, la hausse des matières premières peut contraindre à augmenter les tarifs : cette hausse qui s'accentue chaque jour davantage, montre la nécessité d'armer les confrères de pièces émanant de la chambre syndicale, afin de prouver au client, qui certainement ne subira pas la hausse sans protester, que le négociant est obligé, lui aussi, pour faire face à ses affaires, d'augmenter les prix. (1)

A ce sujet, on peut signaler l'entente de la Chambre syndicale des entrepreneurs de fumisterie, en vue d'élever le tarif de 10 0/0 pour se défendre contre la hausse des matières premières et de 2,20 0/0 pour compenser le grèvement occasionné par la loi sur les accidents du travail.

(1) Voici, à titre de document, une circulaire adressée par la Chambre syndicale de la maroquinerie, de la gainerie et des articles de voyage :

Paris, le... décembre 1899.

Monsieur,

La hausse considérable subie par les métaux au commencement de cette année, s'est étendue, depuis, à toutes les matières employées dans nos industries telles que : cuirs, peaux, soieries, percalines.

Cette situation a appelé l'attention de la Chambre syndicale de la maroquinerie, de la gainerie et des articles de voyage ; elle a voté dans sa séance du 6 décembre la résolution suivante : la Chambre syndicale entend laisser toute liberté à chaque fabricant ; pourtant, en raison de la hausse considérable qui s'est produite sur toutes les matières premières, elle est d'avis de prévenir la clientèle que les tarifs des produits manufacturés subiront une majoration à partir du 1er janvier 1900.

Nous avons l'honneur de porter à votre connaissance cette décision, et vous prions, etc...

Il est, alors, de toute nécessité que la chambre syndicale puisse exercer, pour ainsi parler, la police de la profession, en édictant des sanctions pour faire respecter les décisions au sujet des prix fixés, et en obtenant l'adhésion de ceux qui affichent des prix trop bas en égard à ceux adoptés.

Le petit commerce a, de son côté, le plus grand intérêt à former des syndicats; par l'augmentation du nombre des adhérents, il peut réaliser les progrès réclamés par les intérêts généraux et particuliers, et obtenir des fournisseurs de grands avantages comme prix et qualité, le monopole de la vente de certains genres, enfin, des stocks spéciaux pour les rassortiments. Souvent les grands magasins, en vue d'une concurrence effrénée, s'alimentent de produits fabriqués à l'étranger; ils ont même suscité la création de fabriques ne travaillant que pour eux, et dans des conditions propres à déprécier la valeur de la marchandise ordinaire. Les fournisseurs offrent les meilleures conditions, lorsqu'ils sont assurés de trouver un chiffre d'affaires important et un écoulement certain; aussi comprend-on parfaitement, lors de la formation d'une chambre, l'idée de constituer un syndicat pour faire venir, directement, les produits, sans passer sous les fourches caudines de quelques gros importateurs. La prépondérance de l'élément commercial, dans les syndicats, ne saurait, d'ailleurs, être qu'excellente, car la disparition du commerçant, intermédiaire nécessaire qui fournit le crédit et détient l'assortiment, serait nuisible au consommateur, lequel ne peut ou ne veut jamais se munir à l'avance.

En faisant mention de la compétence toute particulière des chambres syndicales pour trancher, à l'amiable et sans frais, les contestations, soit entre leurs adhérents, soit entre commerçants non syndiqués, ainsi que de l'influence exercée par elles, sur les élections aux chambres et aux tribunaux de commerce, nous aurons suffisamment démontré la réelle utilité des chambres syndicales de patrons, laquelle se manifeste encore par l'exercice des actions en justice « syndicalisées » dans l'intérêt de la corporation.

Droit pour les Syndicats patronaux d'ester en justice et usage qu'ils font de ce droit (1).

Avant la loi de 1884, simples associations de fait, les syndicats n'avaient ni personnalité civile, ni représentant légal, alors même qu'ils eussent été autorisés (Glotin. *Étude historique, juridique et économique des Syndicats professionnels*)..

La loi du 21 mars 1884 accorde aux syndicats professionnels, régulièrement constitués, le droit d'ester en justice ; mais, la formule de l'article 6 est très générale :

(1) Voir BERGERON, Du droit des Syndicats d'ester en justice. *Thèse*, Paris, 1808.

« Les syndicats professionnels auront le droit d'ester
en justice. » Ce silence a créé de sérieuses difficultés,
à travers les divergences de la jurisprudence et de la
doctrine ; la question s'est souvent présentée, en pratique, et les décisions judiciaires sont en sens contraire,
tantôt restreignant la portée de la loi de 1884, tantôt
élargissant la faculté donnée aux syndicats professionnels d'ester en justice. Il règne donc, en la matière, une
certaine confusion.

a) *Intérêts inhérents à la personne du syndicat.* —
Un premier point est, d'abord, certain : c'est que les
syndicats patronaux peuvent agir, lorsque les intérêts
inhérents à la personne morale sont en cause. Ces
actions ne sauraient, en effet, être exercées que par les
représentants de la personne morale, et appartiennent à
elle seule ; telles, les actions relatives à la propriété
mobilière ou immobilière du syndicat. Aucun des membres ne pourrait ester en justice en son nom personnel,
et seul le syndicat a le droit d'agir dans ces hypo-
thèses.

b) *Intérêts particuliers des membres du syndicat.*
— Le syndicat professionnel doit-il agir en justice dans
les seuls cas où il peut exercer seul l'action ? Doit-il, au
contraire, agir dans des actions qui concernent les intérêts particuliers des syndiqués, où ceux-ci ont le droit
d'agir personnellement ?

M. Waldeck-Rousseau (*Recueil de procédure civile,*
de Rousseau et Laisney, 1887, p. 59 et suiv.) n'admet

la capacité des syndicats professionnels que pour les actes concernant la propriété du syndicat, et la même opinion a été soutenue par M. Planiol (note dans Dalloz, 1895, 2, 555). Cette opinion se fonde sur le fait que « le syndicat demeure parfaitement distinct des intérêts particuliers de chacun de ses membres; les intérêts qu'il personnifie sont précisément ceux qui, n'étant le patrimoine d'aucun des sociétaires, ne peuvent être exercés par aucun d'eux. »

Nous trouvons, en ce sens, un arrêt de la Cour d'Aix (26 janvier 1887. *Recueil* de Rousseau et Laisney, 1887, p. 49 et suiv.) d'après lequel les syndicats professionnels n'ont pas le pouvoir de réglementer l'exercice du commerce et de l'industrie, leurs délibérations n'ayant un caractère coercitif qu'à l'égard de ceux qui font partie de l'association. La chambre syndicale des négociants en tissus des Alpes-Maritimes ne pouvait donc poursuivre en concurrence déloyale un négociant ne faisant pas partie de l'association, car le syndicat n'étant pas lésé, en tant que personne morale, interviendrait comme représentant d'office, ce qu'interdit la maxime « nul ne plaide en France par procureur. »

Ainsi, la demande du syndicat, accueillie par le Tribunal de commerce de Nice, fut repoussée par la Cour d'Aix, pour ce motif qu'elle excédait le pouvoir et les attributions légales des syndicats. Cette décision, des plus critiquables, est à peu près unique.

Quoi qu'il en soit, la plupart des avis de la jurispru-

dence sont en sens contraire, et M. Planiol reconnait
lui-même qu'elle n'a pas suivi sa doctrine, et permet
de « syndicaliser » les actions en justice (Dalloz, 1898,
2, 129).

Le Conseil d'État, saisi de la question, admit la
recevabilité d'un recours formé par un syndicat pour
attaquer, comme entaché d'excès de pouvoir, un règlement de police approuvé par le Ministre de l'Intérieur,
relatif à l'exercice de la profession, car le syndicat
professionnel, défenseur des intérêts généraux de la
corporation, ne sort pas de ses attributions, en inten-
tant une action dans le but de protéger les intérêts
collectifs dont il a la garde (27 mars 1887. S. 1889, 3, 7)
« Le bureau de la chambre syndicale des propriétaires
de bains de Paris, disait M. Valabrègue, commissaire
du Gouvernement, peut, au nom de l'association,
défendre les intérêts commerciaux et industriels de
cette profession ; il a qualité pour porter devant vous
les réclamations relatives à l'ordonnance du Préfet de
police, qui lèse les commerçants qu'il représente. »

Toute une série de juridictions civiles ont adopté
cette jurisprudence :

Les syndicats de pharmaciens se sont, les premiers,
portés partie civile dans une poursuite exercée par le
ministère public, pour exercice illégal de la pharmacie :
« Le syndicat peut réclamer des dommages-intérêts,
lorsqu'une poursuite correctionnelle est engagée par
le ministère public, pour exercice illégal de la phar-

macie. » (Paris, 20 janvier 1880. S., 87, 2, 129). De même, un syndicat de pharmaciens a qualité pour poursuivre correctionnellement un épicier ou un droguiste qui vend des médicaments, « attendu que l'intérêt du syndicat est d'empêcher la continuation de délits qui lui causent indûment préjudice. » (Lyon, 8 mars 1888. S., 90, 2, 108.) Beaucoup d'autres décisions sont également intervenues en faveur des syndicats de pharmaciens ; nous citerons, entre autres :

Lyon, 3 juin 1890 (S., 91, 1, 559); Paris, 16 déc. 1891 (D., 93, 2, 400) ; Grenoble, 7 juillet 1892 (S., 93, 2, 84), crim. rej., 5 janvier 1894 ; Bayonne, 6 juillet 1899 (*La Loi*, 23 décembre 1899).

Plusieurs arrêts ont été rendus en matière de concurrence déloyale. Un négociant ayant vendu, sous le nom de « Champagne » du vin fabriqué à Saumur, et ayant imprimé sur les étiquettes le mot « champagne », sur les bouchons le nom d'« Épernay », sans aucune autre indication de provenance, le syndicat du Commerce des vins de Champagne, représenté par son président, obtint des dommages-intérêts (11 avril 1889. D., 90, 1, 239, et sur pourvoi Crim. rej., 26 juillet 1889).

Un arrêt de la Cour de Bourges, du 1er août 1894 (D., 98, 2, 129, en sous-note), donne gain de cause à un syndicat d'eaux minérales contre un fraudeur, qui faisait passer une eau de Pougues comme venant de Fourchambault, « attendu que... toute fraude modifiant les conditions normales de la concurrence dans l'industrie des eaux minérales cause un doub'e préjudice aux autres exploitants : préjudice moral provenant de la déconsidération que de semblables pratiques jettent sur l'industrie ; préjudice matériel résultant de l'infériorité dans laquelle se trouvent les autres concurrents vis à-vis de celui qui use, pour s'emparer de la clientèle ou la conserver, de moyens illicites ;... que l'union des propriétaires et concessionnaires d'eaux minérales a donc le droit d'intervenir pour demander la cessation de ces pratiques et la réparation du préjudice causé. »

Enfin, un syndicat professionnel ne peut poursuivre une action en dommages-intérêts, pour concurrence déloyale, que si la généralité de ses membres a été atteinte par les faits allégués contre le tiers assigné en réparation du préjudice causé. Ainsi, le syndicat des commerçants réunis du Havre, lequel comprend, aux termes exprès de ses statuts, tous les marchands et fabricants (même ceux retirés des affaires) dont le commerce et l'industrie se rattachent aux trois grandes classes principales du vêtement, de l'ameublement et de l'ornement, ne peut agir en concurrence déloyale contre un tiers, dont les agissements n'ont pu atteindre ou léser que les intérêts d'une fraction de ses membres, c'est-à-dire ceux se rattachant à la classe du vêtement (Rouen, 8 novembre 1899. D., 1900, 2, 338). Il est également rappelé, dans les considérants, que les unions, aux termes de l'article 5 de la loi du 21 mars 1884, ne peuvent ester en justice : l'action du président de la chambre syndicale des *commerçants réunis* devant être considérée comme intentée au nom d'un groupement de syndicats, fédération comprenant des membres de professions variées, dont quelques-uns même n'exercent plus le métier.

Restrictions provenant d'une limitation écrite dans les statuts. — La personnalité civile ne peut, d'ailleurs, être étendue en dehors du but indiqué par les statuts :

Plusieurs personnes étant poursuivies par le tribunal correctionnel de Bordeaux, pour avoir expédié ou mis en vente des vins additionnés d'eau, le Syndicat des viticulteurs-propriétaires de la Gironde intervint en qualité de partie civile : « Il faut examiner, dit l'arrêt de la Cour de Bordeaux (4 juin 1897. *Gazette du Palais*, 1897, 2ᵉ semestre, p. 122), si l'association syndicale a, personnellement, été lésée, et si, ayant un intérêt direct à la suppression de ce délit, elle a droit à une réparation ; or, le syndicat *a pour but*, conformément à ses statuts, « la défense de la propriété vinicole girondine, et notamment la garantie de l'authenticité de ces vins, et, dans l'espèce, ce syndicat n'avait pas à prendre la défense des intérêts généraux de la viticulture française. » Cette décision, bien que refusant au syndicat l'exercice de l'action qu'il prétendait intenter, dans l'intérêt de ses membres, n'est pas contraire au mouvement très remarquable qui s'est produit, depuis plusieurs années, dans la jurisprudence, et qui tend à substituer, par l'intermédiaire des syndicats, la forme collective à la forme individuelle dans l'exercice des actions judiciaires. Ici, c'est par pure raison de fait que le syndicat a échoué ; il avait été fondé pour défendre les intérêts viticoles de la Gironde et la bonne réputation de ses crus ; et, les vins n'ayant pas été présentés comme vins de Bordeaux, la réputation commerciale des crus de la Gironde n'était pas compromise. Mais il est à supposer, par *a contrario*, que, si les vins mouillés eussent été présentés comme vins de Bordeaux, la demande du syndicat eût été admise.

De même, quand les statuts d'un syndicat limitent expressément *son but* à la défense des intérêts de ses membres, dans leurs rapports avec les chambres de commerce, les administrations publiques et particulières, il n'est pas recevable à ester en justice lorsque le différend n'existe qu'avec de simples particuliers ; car, si les statuts ne sont pas susceptibles d'étendre la capacité résultant de la loi, ils peuvent, au contraire, la restreindre. — (Il importerait peu, en pareil cas, que certains articles des statuts conférassent à la chambre syndicale les pouvoirs nécessaires pour agir au nom du syndicat et même pour pouvoir, sur la demande d'un adhérent, représenter celui-ci devant toutes les juridictions, quand elle juge qu'il y a lieu d'intervenir dans l'intérêt général, ces articles ne pouvant conférer à la chambre syndicale des droits plus étendus que ceux pour la représentation et la défense desquels le syndicat a été créé,) — Nancy, Syndicat du Commerce des vins et spiritueux de la Meuse contre Coulondre (D., 97, 2, 68). Ici l'intervention du syndicat a été écartée par interprétation des clauses des statuts, sans que le fond de la question ait été examiné.

En somme, la majeure partie des décisions judiciaires des dernières années permet au syndicat d'exercer certaines actions qui appartiennent en propre à ses membres, lorsque ces actions défendent un intérêt général et collectif, et non les intérêts particuliers des syndiqués (Cf. Cour Dijon, 23 juillet 1890, arrêt consacré par la Cour de cassation; 1er février 1893, D., 93, 1, 241). Le résultat obtenu est si considérable que, souvent, on se syndiquera spécialement, dit M. Planiol, pour exercer l'action en justice sous cette forme ; c'est quelquefois là un des objets que les syndicats, en se fondant, s'assignent à eux-mêmes (Voir les statuts d'un syndicat d'eaux minérales reproduits par l'arrêt de la Cour de Bourges, du 1er août 1894, cité plus haut). Les particuliers qui se syndiquent entendent, alors, user de cette force collective dont ils disposent, et faire du syndicat une sorte de mandataire général, se substituant à eux pour exercer leurs actions.

Il ne faut pas, cependant, aller jusqu'à soutenir que la jurisprudence permette au syndicat d'exercer toutes les actions qui appartiennent en propre à ses membres. Mais alors, quel est le critérium ?

Nous avons pu voir que l'arrêt de la cour de Dijon,

consacré par celui de la Cour de cassation, ainsi que de nombreuses décisions de jurisprudence, opposent les actions présentant un intérêt collectif à celles intéressant uniquement les particuliers.

Cette doctrine est-elle bien exacte ? Nous ne le pensons pas, car il ne saurait être question d'exiger, pour qu'il y ait intérêt collectif, l'intérêt évident de tous les membres du syndicat (tous les adhérents d'un syndicat de pharmaciens ne sont pas lésés, en effet, par la concurrence d'un épicier ou d'un droguiste, dans un certain quartier). Il faut, selon nous, opposer l'intérêt professionnel à l'intérêt individuel : le syndicat ne pourra exercer que les actions ayant un intérêt professionnel ; peu importe de savoir si cet intérêt *professionnel* ne vise qu'un petit nombre d'adhérents, car l'intérêt professionnel, s'il coexiste avec l'intérêt individuel, même avec l'intérêt social (comme dans le cas des viticulteurs de la Gironde),en est pourtant nettement distinct.Cette doctrine est, d'ailleurs, parfaitement conforme à l'article 3 de la loi du 21 mars 1884, d'après lequel le syndicat a pour objet la défense de ses intérêts professionnels.

Quelquefois, enfin, les chambres syndicales prennent à leur charge les frais de procès intentés par un de leurs membres et dont la solution est importante au point de vue de la corporation : c'est ainsi que la chambre syndicale des pianos a dépensé plus de trois mille francs afin de poursuivre jusque devant la Cour de cassation, un litige ayant un intérêt général.

La résistance est non moins nécessaire pour lutter contre le Trésor, dont les exigences peuvent être injustifiées, contre l'administration, contre les compagnies de transport (1), syndiquées elles aussi, et auprès desquelles les réclamations collectives ont seules chance d'être écoutées.

Les chambres syndicales de patrons ont donc une utilité réelle, et l'on comprend les raisons de leur vitalité puisqu'elles ont pour but de grouper toutes les intelligences et tous les dévouements, ainsi que d'établir entre leurs membres une perpétuelle collaboration.

M. Aynard a bien caractérisé cette évolution des syndicats patronaux lorsqu'il disait (2) : « Sous le bénéfice de la loi de 1884, les syndicats patronaux se sont largement développés ; ils ont formé des corps éminents, puissants, éclairant les pouvoirs publics sur les questions économiques, émettant des documents qui sont souvent aussi bien établis que ceux des chambres de commerce, suscitant l'intelligence de leurs membres, arrivant à de tels résultats qu'ils ont parfois sauvé certaines industries. »

(1) Récemment l'Union du commerce en gros des vins et spiritueux a obtenu de la Compagnie des transports fluviaux *La Seine*, des dommages-intérêts pour l'un de ses adhérents, victime de vols de vin en cours de transport.

(2) Discours prononcé à la Chambre des députés. (*Journal offici.l*, 13 mai 1890.)

Pour ne citer qu'un exemple, la chambre syndicale des négociants en diamants, pierres précieuses et lapidaires a su réglementer toutes les questions intéressant son commerce (sur 138 négociants, 128 sont syndiqués) ; elle arrêta le poids du carat à 205 milligrammes, réglementa le courtage des diamants et pierres précieuses, en adoptant une liste de courtiers et créa un service d'objets réclamés, particulièrement important, vu la grande valeur des marchandises

CHAPITRE II

DU ROLE QUE JOUENT LES SYNDICATS PATRONAUX

a) VŒUX ÉMIS AUPRÈS DES POUVOIRS PUBLICS

La loi de 1884 autorise les chambres syndicales à se mettre en rapport avec les membres du Parlement au moyen de mémoires, pétitions qui les éclaireront et feront mieux connaître les desiderata du commerce et de l'industrie : « Le syndicat est dans son rôle, dit M. Planiol, en parlant, en agissant, en se mettant en rapport soit avec des particuliers, soit avec les pouvoirs publics » (D. 75, 2, 553).

Il n'est pas d   neilleure école que les chambres syndicales, pour discerner les réformes utiles et indiquer au législateur, avec toute autorité et en toute indépendance, les besoins du monde industriel et commercial. Leurs vœux devraient être entendus de ceux qui ont le souci des affaires publiques et le gouvernement d'une grande nation, lorsqu'ils demandent la disparition des entraves et réglementations arbitraires, afin de pouvoir lutter, à armes égales (c'est-à-dire à charges égales), avec des concurrents redoutables, généralement plus favorisés dans leurs pays respectifs. Les syndicats et groupes syndicaux apportent au Gouvernement, à la Chambre et au Sénat, des éléments d'information absolument probants; leurs propositions, toujours très étudiées, ont la plus grande chance d'être, d'abord examinées, discutées — ce qui est déjà beaucoup — et, finalement, accueillies.

Grâce à l'importance croissante et à l'influence, devenue prépondérante, des chambres syndicales, le mouvement économique et industriel peut faire de réels progrès. « J'appelle donc, disait M. Cochery, une pénétration, une collaboration constante du monde commercial et du monde politique ; je voudrais que ceux qui sont l'élément essentiel de notre activité commerciale n'hésitent pas à franchir les portes des Chambres pour s'y faire ses organes et ses défenseurs. »

La Chambre des députés a créé, dans son sein, en 1899, sur la proposition de M. Alexis Muzet, député, président du syndicat général, une grande commission du commerce et de l'industrie, création qui rend déjà et qui rendra plus encore, par la suite, d'importants services. Cette commission (laquelle a étudié les propositions relatives aux tribunaux et aux chambres de commerce, aux syndics de faillites, aux commissaires-priseurs et aux courtiers de marchandises, aux liquidations frauduleuses, à l'exercice de la pharmacie, aux récompenses nationales pour les participants à l'exposition de 1900 et aux expositions internationales, à la création d'un ordre du mérite industriel, à l'abrogation ou à la modification de la loi de 1891 sur la taxe du pain, aux marchés à terme, etc.) a voulu, sur chacune des propositions qui lui ont été soumises, entendre ceux qu'elles intéressent, et particulièrement les syndicats dont elle a suscité les avis (1).

(1) Exemple de lettre-circulaire adressée par la Commission du Commerce et de l'Industrie, pour consulter les Chambres syndicales.

CHAMBRE DES DÉPUTÉS

Paris, le 30 mars 1899.

COMMISSION
DU
Commerce et de l'Industrie

Monsieur le Président,

La Commission du Commerce et de l'Industrie a commencé l'examen : 1° d'une proposition de loi présentée par M. Guillemet, député, et tendant à l'extension de l'électorat de membres des Chambres de commerce et des Chambres consultatives des Arts et Manufactures ; 2° d'une proposition de loi de M. Muzet, député, et d'un certain nombre de ses collègues, tendant à permettre l'élection de présidents, juges et juges suppléants des Tribunaux de commerce, au premier tour de scrutin, à la majorité absolue des suffrages exprimés en supprimant l'obligation du quart des électeurs inscrits.

La Commission, désirant s'entourer de tous les éléments d'appréciation, a décidé de donner aux institutions intéressées la faculté de formuler leur avis.

J'ai, en conséquence, l'honneur de vous informer de cette décision, en vous demandant, si vous le jugez utile, de vouloir bien m'adresser le plus tôt possible et *avant le 15 mai prochain*, l'avis de votre Compagnie ainsi que les observations qu'elle croirait devoir soumettre à la Commission.

Veuillez agréer, Monsieur le Président, etc.

Le Président,
ALEXIS MUZET.

P.-S. — Prière d'adresser les réponses à Monsieur le Président de la Commission du Commerce et de l'Industrie à la Chambre des députés, au Palais-Bourbon.

La voix des commerçants peut, dès lors, aisément se faire entendre, avant les débats législatifs, et c'est là une preuve de l'autorité que l'on veut bien, enfin, reconnaître aux groupements syndicaux, qui l'ont, depuis si longtemps réclamée, lorsqu'ils demandaient, dans leurs différents congrès, à être questionnés par les pouvoirs publics chaque fois que l'intérêt général serait en jeu. Si les vœux présentés reçoivent une solution conforme à l'attente du monde industriel, jamais le rôle des chambres syndicales n'aura été plus fécond. Elles seront consultées avec fruit, par les pouvoirs publics, sur toutes les questions d'intérêt professionnel ou d'intérêt économique général, comme lorsqu'il s'agira de fixer les tarifs douaniers, de conclure les traités de commerce, de réglementer les moyens de transport, etc. ; pour n'avoir pas été élaborée par les chambres syndicales, la récente loi sur les accidents de travail a été jugée insuffisante et d'application difficile, au point que, à peine promulguée, elle était déjà l'objet des critiques les plus vives et les plus justifiées.

Il ne faut pas, du reste, s'imaginer que les chambres syndicales patronales soient des législateurs; il ne leur appartient pas de faire des lois pour le commerce, leur rôle est de se réunir pour indiquer les réformes utiles, obtenir l'abrogation des dispositions reconnues mauvaises et l'amélioration de certaines autres.

Nous touchons là à l'une des questions des plus discutées de nos jours : les chambres syndicales doivent-

elles faire de la politique ? M. Mascuraud, président
du Comité républicain du commerce et de l'industrie,
disait, lors d'un récent banquet :

« C'est au moment où la forme même de nos institutions était mise en discussion, que nous avons cru devoir
reconstituer notre groupement d'industriels et de négociants fermement attachés aux institutions républicai-
nes... nous n'avons jamais eu l'intention de nous occuper de politique ; mais il nous a paru que, lorsque la
République traversait une crise, le devoir des hommes
qui représentent le commerce et l'industrie était de
donner au gouvernement leur concours le plus large
et le plus dévoué. » Il nous semble, cependant, que les
comités politiques commerciaux peuvent amener des
divisions regrettables entre adhérents ayant des opi-
nions politiques différentes, alors que l'union seule est
profitable aux intérêts du commerce et de l'industrie.

On a voulu, dernièrement, fonder, à Paris, un comité
d'action syndicale (1), ayant pour but de réunir les forces
industrielles, commerciales et agricoles, de les adjoin-
dre ou de les opposer — selon que les événements le
nécessiteraient — au pouvoir politique du Gouvernement
et des Chambres. Autant cette innovation devrait être

(1) Extrait du manifeste :

« Entre les comités électoraux qui n'ont qu'un but : la politique et
les syndicats, qui n'ont qu'une mission : l'intérêt professionnel, il y
a place pour des comités d'action syndicale qui tiendront des premiers, parce qu'ils se mêleront assidûment à la politique, et com-
pléteront les seconds, parce qu'ils en défendront les libertés et les
intérêts professionnels ».

appréciée, si elle n'avait pour but que de faire entrer
au Parlement des défenseurs éclairés de l'industrie,
autant elle nous semble, ici, inutile et dangereuse :
inutile, parce qu'un comité formé dans ces conditions
aurait bien du mal à obtenir des résultats appréciables ;
dangereuse, parce qu'elle introduirait, nécessairement,
la politique dans les syndicats, d'où il y a lieu de la
bannir.

Au contraire, une idée de tous points excellente a été
émise par le Conseil d'administration de l'Union des
fournisseurs de bâtiment, lorsqu'il a nommé une commission pour étudier, conjointement avec tous les
groupes syndicaux de Páris, et du département de la
Seine, les moyens les plus pratiques de mettre en action
l'influence des chambres syndicales patronales, dans
la marche des affaires publiques, et uniquement au
point de vue de la défense de leurs intérêts légitimes, la
politique pure étant mise de côté.

b) Préparation des élections consulaires, aux conseils de prud'hommes et aux chambres de commerce

La bonne organisation des syndicats, veut que leur
compétence s'impose, même aux non-syndiqués, pour
les élections commerciales.

Ce sont les chambres syndicales qui ont pour mission de préparer, non seulement dans les grandes villes

mais dans la plupart des départements, les élections
aux tribunaux, chambres de commerce (1), et aux conseils de prud'hommes, en recherchant les candidats les
plus dignes d'être présentés aux suffrages des électeurs
commerciaux (2).

(1) La liste des électeurs à la Chambre de commerce est établie
par les soins des bureaux des Unions, sur la proposition des
Chambres.

Lettre du Président du Tribunal de commerce de la Seine aux
Présidents de groupes syndicaux.

« Paris, le 10 juin 1901.

« Monsieur le Président,

« J'ai l'honneur de vous informer que la Commission chargée,
conformément au décret du 22 janvier 1872, de procéder à la revi-
sion de la liste des électeurs pour la nomination des membres de la
Chambre de Commerce, doit se réunir sous ma présidence.

« Afin de faciliter le travail de cette Commission et pour lui
permettre de combler les vacances provenant de décès ou d'inca-
pacités légales, je viens vous prier de vouloir bien me faire parvenir, si vous le jugez utile, une liste des commerçants les plus importants appartenant à votre groupe, qui vous paraîtraient remplir
les conditions nécessaires pour être inscrits sur la prochaine liste
électorale, dans le cas où les radiations opérées le permettraient.

« Cette liste, que vous aurez à me faire parvenir le plus tôt possible, et au plus tard le 1er septembre prochain, devra contenir les
noms, prénoms, domiciles, professions, la date de la naissance et
la date de la patente des commerçants proposés.

« Veuillez agréer, Monsieur le Président, l'assurance de mes sentiments distingués,

« *Le Président du Tribunal de Commerce,*
président de la Commission,
« VAURY. »

(1) « On comprendra, dit Dalloz, que les Chambres syndicales
exercent une influence bien justifiée sur les élections des juges au
Tribunal de commerce. Non seulement, par leurs relations, elles
sont à même d'apprécier à leur valeur les titres des candidats, mais

Avant l'intervention des syndicats, le tribunal de commerce se recrutait, pour ainsi dire, lui-même, et désignait ses candidats aux notables commerçants, lesquels ratifiaient généralement ces choix. Aussi les juges ne représentaient-ils qu'un petit nombre d'industries, ce qui était préjudiciable au point de vue technique car, si le tribunal n'assure pas la rapidité d'expédition des affaires, et n'offre pas les garanties suffisantes, le recours aux experts ne fait que retarder le jugement, et augmenter ainsi les frais de justice.

Or, par un long stage dans les chambres syndicales où ils ont appris à discuter toutes les questions intéressant leur commerce ou leur industrie, à trancher les litiges avec compétence et à rédiger des rapports, les candidats choisis sont admirablement préparés au rôle de juges consulaires : on ne saurait, en effet, s'improviser magistrat, de la fabrique ou du magasin passer au prétoire et rendre la justice. Le fait et le droit sont souvent intimement liés dans les différends, et, quoique pris parmi l'élément dirigeant du commerce et de l'industrie, les juges du tribunal de commerce pourraient avoir des lumières insuffisantes.

L'institution du Comité syndical des élections consulaires, chargé d'examiner les candidatures, de les rechercher au besoin, de ne désigner au choix des électeurs que des hommes capables, indépendants par leur

encore elles trouvent, parfois, dans leur sein, des hommes réunissant les aptitudes qui conviennent à la magistrature.

situation, de faire représenter — dans la mesure du possible — les diverses branches industrielles et commerciales, a, d'ailleurs, produit ce résultat que, la liste
unique de candidats étant formée par l'accord des
chambres syndicales représentées par leurs délégués, il
y a, pour ainsi dire, entente générale.

En définitive, la plus grande harmonie ne cesse de
régner entre les chambres syndicales et le Tribunal de
commerce ; leur influence sur les élections commerciales, permet d'introduire dans le fonctionnement des
tribunaux consulaires presque toutes les mesures libérales justement réclamées par les justiciables, et les
réformes jugées utiles, puisque les élus se sont engagés à soutenir les revendications des chambres syndicales, et notamment à renvoyer le plus possible d'affaires litigieuses à leur examen technique.

c) Développement du commerce extérieur

« Un pays, quelle que soit sa force, disait M. Mascuraud (1), ne peut se mouvoir utilement dans un cercle restreint ; les relations extérieures sont indispensables au
développement de l'industrie et à la sécurité des
rapports entre les diverses nations. Faciliter les expor-
tations, c'est permettre l'accroissement de la production,

(1) Banquet du Comité républicain du Commerce et de l'Industrie, novembre 1901.

c'est faciliter l'extension de la main-d'œuvre au plus grand nombre possible de travailleurs. »

Et cependant, il n'est pas niable que la majorité des négociants et constructeurs français ne se préoccupe pas suffisamment des relations extérieures ; or, la prospérité n'est assurée, que si les affaires suivent une progression constante, et prennent, d'année en année, une plus grande extension ; seule l'exportation permet d'arriver à ce résultat, et le groupement syndical est alors indispensable, puisque la lutte, asssurément trop lourde pour une maison isolée, est facile pour un représentant chargé de faire valoir les intérêts de plusieurs fabricants français. Bien des pays, dont les produits ne valent pas les nôtres, occupent une place importante sur les marchés, parce qu'ils savent user d'une grande force, celle de l'association ; il s'agit de les imiter, car une représentation commune à l'étranger, un groupement de maisons vendant des articles similaires doit, grâce à la diminution des frais, donner de sérieux résultats : il faut donc se syndiquer, pour la représentation à l'extérieur, comme on est syndiqué par le commerce intérieur, étant donné le caractère actuel du combat économique livré par les différents peuples.

Notre infériorité tient à diverses causes.

*1° Insuffisance des moyens d'action pour nous créer des
relations à l'étranger.*

Le progrès des transactions des maisons allemandes,
anglaises et américaines vient, généralement, d'aptitudes commerciales plus complètes chez les industriels
et négociants de ces pays : l'industrie française a vécu
trop longtemps, imbue de cette idée que ses produits
ne pouvaient être égalés par la concurrence étrangère,
qu'ils dépassaient, par le goût et la bonne confection,
les produits similaires. Mais, sur une place étrangère,
un article n'est préféré que si, répondant — à quelque
chose près — aux exigences du consommateur, il peut
lui être livré à meilleur compte. Dans ce but, nos concurrents établissent des comptoirs, alors que le commerçant français se contente de correspondants, pris souvent au hasard, dont les opérations se réduisent à une
consignation de marchandises, presque toujours aléa-
toire, ayant pour effet de multiplier l'offre par rapport à
la demande, et dont la liquidation se solde, fréquemment, par une perte pour l'expéditeur. L'association
syndicale permettrait de partager les bénéfices, au pro-
rata du capital engagé, chacun supportant une quote-
part des frais généraux.

Les chambres de commerce françaises à l'étranger,
instituées dans les villes où nos concurrents occupent
une place prépondérante, et largement subventionnées

par les chambres syndicales, offrent leur utile concours en vue de créer des centres d'action importants pour les négociants, les industriels et les armateurs, et de leur faciliter les débouchés.

Enfin, l'Office national du commerce extérieur, dont les avantages sont bien indiqués dans la lettre-circulaire suivante (1), peut être appelé à rendre de grands services.

(1)   Paris, le 10 août 1898.
        Monsieur le Président,

Depuis le 18 juillet dernier, l'Office national du commerce extérieur fonctionne d'une manière régulière dans les locaux qui lui sont affectés, 3, rue Feydeau, à Paris.

Comme vous le savez, Monsieur le Président, la loi du 4 mars 1898 détermine comme suit le rôle et les attributions de l'Office national du commerce extérieur :

« L'Office a pour mission de fournir aux industriels et négociants français les renseignements commerciaux de toute nature pouvant concourir au développement du commerce extérieur et à l'extension de ses débouchés dans les pays étrangers, les colonies françaises et les pays de protectorat. »

En conséquence, les intéressés pourront, conformément à une délibération prise par le Conseil d'administration de l'Office dans sa dernière réunion, s'adresser, soit verbalement, soit par écrit, à cet établissement, pour se procurer des renseignements portant sur les points suivants :

Sur les matières ou produits que la France doit tirer du dehors pour son industrie, sa consommation ou son commerce de transit ;

Sur les tarifs douaniers français et étrangers ; les droits de port et autres taxes intéressant le commerce et la navigation ;

Sur les produits susceptibles de trouver un débouché sur les marchés étrangers, dans les colonies françaises et les pays de protectorat ; sur les conditions de paiement, d'emballage sur la situation des marchés et, dans la mesure du possible, sur la notoriété des maisons établies à l'étranger, dans les colonies françaises et les pays de protectorat ;

Sur les entreprises à créer ou les affaires à suivre au dehors ; sur les travaux publics et adjudications à l'étranger (communication

2° Manque d'efficacité de la protection des agents consulaires.

« Que les consuls à l'étranger nous aident ; qu'ils nous renseignent, avec la compétence qu'ils doivent

de cahiers des charges, plans, etc.): sur les affaires relatives aux questions de transport, c'est-à-dire renseignements sur les tarifs de chemins de fer français et étrangers et sur les transports maritimes ou fluviaux, en ce qui concerne les voyageurs et les marchandises et l'indication des routes à suivre.

Je vous serais obligé, Monsieur le Président, de vouloir bien porter cette communication à la connaissance des membres de votre Syndicat.

La loi du 4 mars 1898, en donnant à l'Office national du commerce extérieur le caractère d'établissement public, l'a autorisé à accepter les subventions, dons, legs et libéralités de toute nature provenant d'administrations publiques, de chambres de commerce, d'associations syndicales ou de simples particuliers. Rien ne s'opposerait donc à ce que des Chambres syndicales concourussent spontanément aux dépenses d'entretien et de développement de l'Office national.

Mon département a, d'ailleurs, la confiance qu'il trouvera auprès des diverses chambres syndicales et associations commerciales le concours le plus entier pour donner au nouvel établissement le développement que les Pouvoirs publics et l'opinion en attendent, pour le plus grand profit de l'industrie nationale et l'expansion du commerce français dans nos possessions d'outre-mer et sur les marchés étrangers.

Je ne doute pas, Monsieur le Président, de l'empressement que votre Syndicat mettra, le cas échéant, à répondre aux demandes de l'Office et je vous remercie d'avance de ce précieux concours. Je dois ajouter que ces services seront réciproques et que l'Office national se fera un devoir de transmettre à votre Association tous les documents et renseignements que vous jugerez utile de lui demander.

Recevez, Monsieur le Président, l'assurance de ma considération distinguée.

Le Ministre du Commerce, de l'Industrie,
des Postes et des Télégraphes,
MARUÉJOULS.

avoir, sur la solvabilité des clients, sur les maisons à visiter — dit-on fréquemment — et nous reprendrons une place avantageuse pour le grand combat industriel. »

C'est peut être trop oublier que l'agent diplomatique est, surtout, le défenseur des intérêts généraux de ses nationaux, leur protecteur au point de vue du droit des gens ; s'il facilite quelques opérations commerciales, c'est accessoirement, et l'on ne peut compter sur lui, de façon régulière. D'ailleurs, un consul étant sédentaire, n'a pas les relations indispensables pour commercer dans toute l'étendue de la région ; et, quand il s'occupe d'affaires, c'est pour son compte. Loin de nous la pensée de mettre en doute le zèle de nos représentants à l'étranger, auxquels, en 1897, le Ministre rappelait la nécessité d'une active et patriotique propagande pour les produits français : « A plusieurs reprises, mon département vous a signalé tout l'intérêt que j'attache à ce que les négociants français reçoivent, dans le plus bref délai possible, les renseignements commerciaux qu'ils sollicitent de nos agents à l'étranger. Dans le plus grand nombre des cas, il est facile à nos représentants de se procurer les informations qui leur sont ainsi demandées. Par leurs relations avec les commerçants, les industriels ou les banquiers de leur résidence, ils réussissent presque toujours à obtenir, et à fournir aux intéressés, sans frais, le renseignement sollicité. »

Toutefois, à côté des agents consulaires, il faudrait

des agents de commerce, indépendants, mais accrédités auprès de ceux-ci et placés sous leur protection, envoyés avec une mission déterminée, et choisis, de préférence, parmi les chargés de mission du gouvernement.

Les fonds alloués par l'Etat étant insuffisants, les chambres de commerce, les chambres syndicales et les Unions de commerçants parferaient la somme, car les envoyés doivent être habiles et compétents, pour réussir, et le mieux serait encore de faire agréer par le Gouvernement, des agents choisis par les chambres syndicales intéressées. Les consuls, pourraient, d'ailleurs, prêter un appui précieux en désignant, de leur côté, des représentants sérieux, aptes à s'occuper, moyennant une faible redevance, du dédouanement, des livraisons, des encaissements et de la surveillance des crédits.

Pour cela, il faudrait, suivant le vœu exprimé maintes fois par les chambres syndicales, choisir presque toujours les consuls parmi des négociants établis depuis longtemps dans la région, en connaissant les besoins, et se trouvant en mesure de renseigner leurs nationaux sur les articles susceptibles d'être importés. D'autre part, l'avancement des consuls ne devrait pas se faire au détriment des intérêts qu'ils ont à défendre : ils pourraient obtenir sur place une promotion de classe, afin de n'être pas envoyés dans un pays duquel ils ignorent les besoins. — Il est juste de ne point passer sous

silence les rapports très intéressants, publiés depuis
quelques années, par nos agents consulaires, qui donnent des renseignement sérieux sur les produits à ex-
porter, le mode de paiement, etc... Les syndicats, qui
groupent et coordonnent de plus en plus les efforts individuel, ne peuvent que s'associer à cette lutte contre la
concurrence étrangère, facilitée pour quiconque est
au courant des marchés.

3° Taxes prélevées sur les voyageurs français à l'étranger.

On s'est souvent préoccupé de la situation faite à nos
voyageurs de commerce qui vont offrir à l'étranger les
produits français.

Autant, en France, on apporte de facilités à tous les
courtiers et voyageurs étrangers pour venir vendre chez
nous les produits de leurs pays respectifs, autant, dans
les principaux pays d'Europe et d'outre-mer, on apporte
de difficultés à la libre circulation des voyageurs avec
ou sans échantillons les accompagnant.

Les chambres syndicales ont toujours réclamé la liberté pour nos voyageurs au dehors, plutôt qu'elles
n'ont demandé des entraves au libre exercice de nos
concurrents, car l'industrie française se déciderait, peut-
être, à envoyer davantage au dehors des représentants
pouvant agir librement, et sans être soumis à des
taxes de diverse nature.

Mais enfin, puisque la réciprocité n'existe guère dans la liberté, il faudra, sans doute, se décider à établir la réciprocité dans les entraves, ne fût-ce que pour en montrer le mauvais effet.

C'est en s'inspirant de ce sentiment que M. Pourquery de Boisserin, député, a déposé, dernièrement sur le bureau de la Chambre, une proposition de loi ainsi conçue, qui confirmerait la loi du 15 juillet 1880, non appliquée :

Article unique : Les représentants de commerce de nationalité étrangère seront soumis en France au paiement des taxes exigées dans leur État des représentants de commerce français.

L'auteur de cette proposition de loi fait ressortir que la France peut, sans manquer à ses généreuses traditions, défendre son industrie et son commerce, et protéger la classe intéressante et courageuse des voyageurs et représentants de commerce français contre la concurrence de leurs collègues étrangers.

Le congrès international de 1900 adressait un vœu à tous les gouvernements, pour les prier de briser cette entrave commerciale et de faciliter l'entrée, dans tous les pays, des représentants commerciaux du monde.

Deux ans se sont écoulés ; les gouvernements étrangers n'ont pas répondu : en Alsace-Lorraine, la lettre de légitimation coûtant un mark et demi est encore exigée. Nos voyageurs sont toujours soumis à une lourde patente dans les Pays-Bas et en Russie.

Les industriels étrangers inondent notre territoire de leurs représentants, qui font ainsi à nos nationaux une double concurrence, tandis que leurs gouvernements arrêtent nos voyageurs de commerce à la frontière.

Les dispositions fiscales à prendre ne pouvant influer sur nos relations extérieures, puisqu'il ne s'agit que de réciprocité absolument juste et équitable, les chambres syndicales ont toutes approuvé cette proposition de loi.

Un arrangement vient d'être conclu dans le sens de la loi de 1880 entre les gouvernements français et belge, et le ministre du commerce a adressé la circulaire suivante aux présidents des Chambres de commerce.

« Paris, le 24 mars 1902.

« Monsieur le Président,

« A la suite d'un accord intervenu entre les gouvernements français et belge, les voyageurs de commerce français voyageant en Belgique pour le compte d'une maison française et les voyageurs de commerce belges voyageant en France pour le compte d'une maison belge sont réciproquement exempts du droit de patente depuis le 1er janvier 1902.

« Toutefois, le bénéfice de cette exemption est subordonné à la production d'une carte de légitimation dont les commis-voyageurs doivent être munis et en l'absence de laquelle une taxe de patente de 20 francs leur sera appliquée en Belgique.

« Je vous prie de vouloir bien en informer les maisons de commerce de votre circonscription qui sont en relations d'affaires avec le marché belge et de prendre les mesures nécessaires pour que les cartes de légitimation qui pourront être demandées à votre Compagnie soient établies dans la forme indiquée au modèle ci-joint.

« Recevez, Monsieur le Président, l'assurance de ma considération très distinguée.

> « *Le Ministre du Commerce, de l'Industrie,*
> *des Postes et des Télégraphes,*

> « A. MILLERAND. »

A ce propos, en avril 1902, la Chambre syndicale de la passementerie adressait au Président du Syndicat Général du Commerce et de l'Industrie la lettre suivante :

« Monsieur le Président,

« Permettez-moi de venir vous soumettre les Vœux émis par la Chambre syndicale de la passementerie, mercerie, boutons et rubans, concernant les taxes et formalités exigées pour nos voyageurs et représentants à l'étranger.

« Un vœu avait déjà été émis à ce sujet par notre Chambre, en février 1901 ; il a été réitéré dans notre séance du 25 février 1902, à la suite d'un rapport très détaillé d'un de nos collgues, M. Bauer, indiquant à quelles taxes ou formalités nos voyageurs étaient astreints en Allemagne, Autriche-Hongrie, Danemark, Espagne, Suède et Norvège, Suisse et Russie, ainsi qu'à la suite de la lecture faite par un de nos collègues, d'un article tiré du journal *la République*, et indiquant :

« Qu'une loi française existe, en date du 15 juillet 1880, à cet égard.

« Dont l'article 24 stipule que les commis voyageurs seront traités en France, relativement à la patente, sur le même pied que les commis voyageurs français chez les autres nations ;

« Que cette loi n'a jamais été mise en vigueur ;

« Mais que, cependant, les Gouvernements français et belge et viennent de conclure un arrangement dans le sens de cette loi de 1880.

« Aussi, venons-nous demander au Syndicat Général de vouloir bien user de toute son influence auprès des pouvoirs publics pour que cette loi soit appliquée, afin que les pays qui voudront soustraire leurs nationaux voyageurs de commerce à la taxe, n'aient qu'à imiter l'exemple de la Belgique : c'est-à-dire qu'à accorder aux nôtres l'exemption réciproque.

« Et qu'enfin un dernier vœu, également émis par

notre chambre, dans sa séance du 25 février dernier, sur la proposition de notre collègue M. Bauer, soit pris en considération par le Syndicat Général et porté à qui de droit : il est ainsi conçu :

« La Chambre syndicale de la Passementerie, Mercerie, Boutons et Rubans émet le vœu qu'à l'occasion du voyage de M. le Président de la République à Saint-Pétersbourg, le Gouvernement russe abolisse les droits et impôts perçus sur les négociants et voyageurs français.

« Le Président,

« Signé : Goulette

d) EXPANSION COLONIALE

Un grave obstacle s'oppose au développement du commerce extérieur, c'est la tendance des nations étrangères à se renfermer chez elles et à fabriquer elles-mêmes, les articles dont elles ont besoin ; aussi les pays industriels doivent-ils chercher à s'assurer de nouveaux débouchés, et ce sont leurs colonies qui les leur fourniront. Certes, ces nouveaux marchés ne remplaceraient pas de sitôt les anciens, mais le profit que la France en tirerait serait considérable ; et, de plus, si nous ne trouvions dans nos possessions une source de richesses, celles-ci ne pourraient jamais être pour nous qu'une cause d'épuisement : l'exemple de la Tunisie montre les résultats inappréciables qu'amène une administration éclairée, et les chambres syndicales estiment, avec raison, et signalent dans leurs rapports, que nos colonies ne font avec la métropole qu'un commerce insuffisant, bien loin de nous rémunérer des sacrifices imposés par la conquête.

Les chiffres le démontrent, du reste : en 1898, les importations françaises s'élevaient, dans les colonies à 95.414.000 francs, tandis que le montant des importations étrangères dans ces divers (pays pour lesquels nous dépensions, cette même année, près de 86 millions), avait été de 124.778.000 francs. Si bien que nos importations étaient inférieures de 29 millions à celles des étrangers qui n'y dépensaient rien.

Ici encore se manifeste la nécessité des voyageurs, véritables « représentants au long cours » qui, sur place, pourraient mieux se rendre compte des besoins de nos possessions : le voyageur sert également à contrôler l'agent (1), ce qui ne saurait se faire par corres-

(1) Chaque jour nous amène un nouveau représentant, au grand désespoir des agents sérieux de notre place, qui voient leur honorable profession gâchée par des gens peu faits pour lui donner du prestige. Presque toujours ce sont des hommes n'ayant réussi nulle part, qui fournissent le plus gros contingent des nouveaux venus. Sans moyens, sans expérience pour la plupart, ils ne possèdent souvent, pas même de quoi acheter un bureau. Dès lors, comment pourront-ils attendre jusqu'au moment où ils toucheront les premières commissions sur les affaires qu'ils auront traitées ? Les plu honnêtes ferment boutique après quelques mois, les autres vont grossir le banc des flibustiers qui se greffent partout où il se traite

pondance; il apprécie l'étendue de ses relations, sa compétence technique, le zèle plus ou moins grand qu'il met à faire de nouveaux clients, bref, tout ce qu est susceptible d'augmenter le chiffre de la maison C'est surtout à la jeunesse qu'il convient de montrer les immenses avantages qu'elle pourrait retirer d'une habile exploitation dans les pays d'outre-mer, en l'invitant, par des avantages, même immédiats — comme la dispense de deux années de service militaire (idée préconisée dans la plupart des congrès des chambres syndicales) — à quitter le sol natal. Ce système, consistant à exiger des jeunes gens un séjour plus ou moins prolongé dans les colonies, une fois leur année de présence sous les drapeaux accomplie, nous semble appeler à stimuler un certain nombre d'entre eux, à l'heure actuelle où les fils d'industriels et de commerçants restent trop facilement dans leurs bureaux, attendant la demande.

Cependant, ce n'est pas tout de lutter, il faut encore lutter à armes égales, c'est-à-dire avec des capitaux. Or, ne serait-il pas excellent de voir l'épargne française confier ses fonds à des sociétés solidement constituées, ayant pour but l'exploitation coloniale ? Nous avons montré que la coordination était nécessaire entre fabricants pour réussir à l'étranger aussi bien que dans les colonies ; l'intérêt national exigerait une sorte de coopération entre capitalistes et patrons ; au lieu de voir

des affaires. (Extrait d'un rapport de la Chambre de commerce d'Alexandrie).

nombre d'industries françaises employer des capitaux étrangers, on se trouverait en présence d'affaires sérieuses, dont les bénéfices ne seraient partagés que par des Français. Fournir des capitaux aux laborieux qui ne demandent pas mieux que de tenter toutes les chances possibles de succès est le meilleur des services que l'on puisse rendre au pays; il est permis de croire que ces considérations, émises dans de nombreux rapports des chambres syndicales (lesquelles s'efforcent de faire connaître nos colonies et de propager des connaissances succinctes sur les ressources qu'on en pourrait tirer), finiront par convaincre industriels et commerçants.

c) INFLUENCE AU POINT DE VUE DE LA RÉGLEMENTATION DU TRAVAIL.

La question des relations entre patrons et ouvriers est l'une des plus importantes de celles que peuvent étudier les syndicats patronaux ; il ne faut pas oublier, en effet, que si l'ouvrier, souvent, veut proclamer bien haut ses droits, sans se préoccuper de ses devoirs, certains patrons encourent le même reproche.

Personne ne conteste, maintenant, l'utilité d'une sage réglementation du travail par le contrat collectif ; sans être oppressive, elle présente en effet, un double avantage : le patron est amené à améliorer son outillage pour compenser la réduction de la production par la diminution des heures de travail ; l'ouvrier y trouve son bien-être physique et intellectuel. Or, l'engagement pris par tous les fabricants d'appliquer un tarif consenti d'un commun accord, empêche l'action funeste des « côtoyeurs », et le groupement syndical est garant de l'application du tarif, qui ne pourra être, impunément, compromis par le fait d'un seul (car l'adhésion des patrons est subordonnée à l'engagement de tous les autres, et à la stricte observation des conventions adoptées). Comme la violation revêt, ainsi, un caractère professionnel, la chambre syndicale patronale, considérée comme représentant légalement l'intérêt professionnel, aura toujours assez d'autorité pour faire respecter ses décisions.

D'autre part, si les ouvriers, entre eux, ont une ligne de conduite commune, il est de la plus simple logique que les patrons se concertent et s'entendent : pour cela une réglementation, basée sur des principes équitables, paraît nécessaire ; dans ce but, on fait apposer des affiches dans chaque établissement, et le personnel, en entrant, doit signer un extrait des articles du règlement. Or, il est certain que lorsque tous les patrons syndiqués s'engagent à adopter le même règlement, celui-ci aura une force bien plus grande que s'il était appliqué seulement par quelques-uns. Encore faut-il, bien entendu, que celui-ci soit élaboré de façon à ne pas être une cause d'oppression contre les ouvriers, mais le trait d'union entre les patrons et leur personnel, pour faciliter, en l'adoucissant, la tâche de chacun. Seule une chambre syndicale, préoccupée avant tout des intérêts généraux de la corporation, et bien au courant des conditions du travail, peut établir un règlement d'atelier, de nature à donner satisfaction à chacun.

Les conflits industriels seront plus faciles à régler entre les chefs des syndicats patronaux et ceux des syndicats ouvriers fortement organisés, au courant, les uns et les autres, de l'état réel de l'industrie, qu'entre un groupe de patrons et des ouvriers momentanément unis, aveuglés en général par la passion.

Ainsi, les chambres syndicales doivent-elles intervenir dans les différends collectifs entre patrons et ouvriers concernant les modifications du travail : salaires, durée du travail, règlements d'atelier ; par des conseils permanents d'arbitrage, des commissions mixtes, elles peuvent régulariser les rapports quotidiens, et constituer, en même temps que des bases solides de l'organisation professionnelle, les agents spécialement appropriés à la défense et au progrès des travailleurs de toutes conditions : patrons, employés, ouvriers.

CHAPITRE III

DES INSTITUTIONS FONDÉES PAR LES SYNDICATS PATRONAUX .

a) OFFICES DE RENSEIGNEMENTS

« Vos offices de renseignements, disait M. Fontaine, directeur du travail au Ministère du Commerce (Banquet des chambres syndicales du bâtiment, 15 décembre 1901), vos cours techniques, vos organes d'assurances contre les accidents, contre la maladie, vos caisses de retraites, les offices de placement des ouvriers, les relations que beaucoup de Chambres syndicales ont établies périodiquement entre patrons et ouvriers, toutes ces institutions sociales sont à la fois votre raison d'être et vos titres de gloire. »

L'article 6 de la loi de 1884 autorise les syndicats professionnels à créer et administrer des offices de renseignements, et cette pratique peut rendre les plus grands services aux adhérents, qui reçoivent de précieuses indications sur la solvabilité et la moralité des clients ; parfois même, le bureau adresse, sous enveloppe cachetée, aux seuls membres de la chambre, des renseignements propres à les mettre en garde contre des tiers qui pourraient leur porter préjudice. Les tiers ne sont pas admis, d'ailleurs, à réclamer contre cette manière d'agir, parfaitement licite. C'est ce qu'a décidé la Cour d'appel d'Aix en 1899, infirmant un jugement du tribunal correctionnel, à propos d'hôteliers syndiqués (lesquels mentionnent sur un registre tous les renseignements de nature à intéresser leurs collègues de l'association).

Quelques chambres ont aussi établi, au siège du syndicat, un répertoire contenant toutes les marques de fabrique et tous noms spéciaux, afin d'éviter les confusions possibles et les difficultés entre confrères. Le registre est tenu à jour, au secrétariat, et des circulaires, adressées aux membres, leur demandent d'indiquer les marques et noms déjà pris, et de communiquer, à l'avenir, tous ceux qu'ils prendront. En outre de la poursuite des procès en contrefaçon, les chambres syndicales se chargent de l'étude des questions juridiques et administratives internationales en matière d'imitation, reproduction, usurpation et formes quelconques sous lesquelles peuvent se produire la fraude ou la concurrence déloyale. Les éléments d'information sont ainsi centralisés et mis, sans frais, à la disposition des adhérents.

Enfin, les Unions de syndicats ont pour mission de grouper, lorsque la chose paraît nécessaire, en syndicats temporaires, les industriels ou commerçants qui, pour assurer la défense de leurs droits, voudront s'unir afin de répartir entre eux les frais de procédure destinés à réprimer la contrefaçon à l'étranger. On comprendra, facilement, qu'une action de ce genre profite de la légitime influence des chambres syndicales, des relations établies dans tous les pays, et des informations précises recueillies par le bureau.

b) ASSURANCES

Plusieurs chambres ont, même avant 1884, facilité l'épargne à leurs membres, fondé des caisses de secours en cas d'accidents. Depuis 1876, il existe entre les adhérents du syndicat des entrepreneurs de charpentes, une société mutuelle d'assurances pour la réparation des accidents auxquels sont exposés leurs ouvriers; de même pour les entrepreneurs de couverture et de plomberie.

Désireuses de prendre en mains la cause du petit commerçant susceptible d'être ruiné par le fait d'autrui sans avoir rien à se reprocher, certaines chambres syndicales rattachées au Syndicat général du commerce et de l'industrie ont créé une nouvelle branche d'assurances due à une louable initiative. L'économie de cette combinaison ingénieuse est des plus simples : une compagnie est fondée en vue d'assurer la petite industrie et le petit commerce contre les éventualités d'une déconfiture possible, et afin de favoriser le crédit; cette société est formée par groupes de mille adhérents, pour assurer des ressources à leurs familles dans le cas malheureux où ils éprouveraient des pertes sérieuses ou seraient mis en faillite. Elle a aussi pour but de faciliter l'ouverture de crédits destinés à l'extension de leur commerce et de leur industrie. Moyennant une faible mensualité, le sociétaire est garanti jusqu'à concurrence d'une certaine somme (cinq ou six mille francs, par exemple), au profit de sa famille ou d'un commanditaire. De cette façon, chaque adhérent peut favoriser son crédit ; et comme, en cas de mauvaises affaires, la somme assurée est insaisissable, la famille aura quelques ressources. Pour éviter la fraude, l'actif doit être supérieur, au double au moins de la somme pour laquelle on désire s'assurer ; si les déclarations n'étaient pas exactes, ou si la comptabilité n'était pas en règle, le commerçant se verrait déchu de ses droits, et perdrait même le montant des primes versées.

La loi sur les accidents du travail, acceptée par tous, en définitive, n'a fait que régulariser la situation dangereuse que créait l'article 1382 du Code civil : moyennant un forfait, chacun a pu se garantir de lourdes responsabilités. Sous le patronage des syndicats professionnels s'est créée une société d'assurances contre la responsabilité des accidents du travail : « La Mutualité industrielle » instituée conformément au décret du 22 janvier 1868, à la loi du 9 avril 1898, et fonctionnant sous la

surveillance de l'Etat. Cette société, complétée par la
« Caisse d'assurances des chambres syndicales »
contre la responsabilité des accidents de toute nature,
offre aux patrons, industriels et commerçants, une
garantie absolue avec une économie importante sur
le taux des primes (1). L'assurance mutuelle proprement dite semblerait plus avantageuse, car cette combinaison réunit les avantages des sociétés de secours
mutuels et ceux de l'assistance mutuelle, par ce fait
que les bénéfices (lesquels seraient prélevés par une
compagnie étrangère) y sont répartis entre les associés ;
de plus, le conseil est composé d'hommes du métier,
par conséquent très compétents pour l'appréciation des
sinistres et leur règlement. Les frais occasionnés par
l'administration et le fonctionnement d'une telle assurance sont presque insignifiants, et la répartition
d'une partie des bénéfices n'exclut pas du reste

(1) La Chambre syndicale de l'Emballage adoptait à sa séance de
janvier 1902, la résolution suivante :

« Une compagnie étrangère d'assurances ayant consenti des
contrats d'assurances contre les accidents du travail à des prix
excessifs de bon marché, pour enlever ces assurances aux Compagnies françaises, et n'ayant pas eu satisfaction, résilie les
contrats trop onéreux pour elle. Cette résiliation est préjudiciable aux intéressés, qui ne trouvent plus auprès des Compagnies françaises les avantages offerts au début. Ceux de nos confrères
qui se trouvent atteints peuvent s'adresser au Syndicat de l'emballage, qui leur procurera les conditions exceptionnelles des adhérents
de la première heure, lesquels touchent une répartition dans les bénéfices venant en déduction des primes à payer. »

un certain prélèvement pour augmenter le fonds de réserve.

Plusieurs Unions ont mis à profit le grand nombre de leurs membres pour répartir, entre tous, les risques de diverse nature, par l'organisation de sociétés d'assurance mutuelle ; ainsi la Caisse d'assurance mutuelle des industries textiles, fondée en 1895.

Cependant la plupart des chambres syndicales, afin d'éviter le versement d'une mise de fonds nécessaire à la constitution d'une assurance personnelle, se sont entendues avec des compagnies offrant toutes garanties de solvabilité et d'honorabilité désirables pour une pareille entreprise, et acceptant un engagement résiliable chaque année. En dehors des avantages offerts, un compte de bénéfices et de pertes est établi à la fin de l'exercice : s'il y a pertes dans les transactions, la compagnie, seule les supporte ; mais, s'il y a bénéfices, ceux-ci seront partagés, par moitié, entre les chambres syndicales et les compagnies. Cette combinaison est donc réellement avantageuse.

Les services d'assurances créés auprès des chambres syndicales s'occupent enfin, au profit des adhérents, de rédiger les polices, pour toutes assurances à faire, à renouveler ou à modifier, car la garantie dépend principalement de la rédaction du contrat et de la netteté des stipulations qu'il comporte ; le contrat doit être exempt d'omissions, d'erreurs et d'irrégularités ; et revêtir une forme absolument indiscutable, mettant l'assuré à l'abri

de graves difficultés ou des déchéances qu'il est sus·
ceptible d'encourir, quand les dispositions préalables
n'ont pas été prises.

C) Institutions de prévoyance

Ces institutions philanthropiques ne sont pas de celles
qui préoccupent le plus les chambres syndicales de
patrons ; on serait mal venu à le leur reprocher, car les
patrons s'associent surtout en vue de défendre leurs intérêts, professionnels et de ménager les débouchés à
leurs produits.

Néanmoins les grandes administrations et les compagnies importantes ont établi des caisses de retraite pour
leur personnel nombreux (le comité des Forges de
France a su utiliser la puissance de l'association pour
constituer en commun des caisses patronales de retraite
en faveur des auxiliaires de la main-d'œuvre) ou sub-
ventionné des sociétés pour assurer employés et ouvriers,
en cas d'accident, de maladie et contre la vieillesse ; ce
sont alors des caisses alimentées par le travailleur et le
patron à la fois, car on ne peut demander à l'État
seul d'assurer la retraite à un âge avancé ; il doit seulement y contribuer, lorsque l'initiative individuelle
s'est manifestée.

La majorité des chambres syndicales étant composée
de petits commerçants, il ne faut pas s'étonner du peu
de caisses de retraites fondées par elles.

Les institutions de secours mutuels ont surtout leur raison d'être, dans une association ouvrière, laquelle ne peut vivre que si elle rend des services immédiats : l'assurance mutuelle est, en effet, un moyen des plus efficaces de retenir l'ouvrier dans l'association ; elle fournit à la caisse des ressources considérables, en vue de la grève ou du chômage, et, de plus, permet d'établir et de maintenir la discipline, (l'exclusion du syndicat entraînant pour l'ouvrier la perte des cotisations déjà versées).

A propos des institutions patronales de prévoyance, une remarque intéressante est que l'on retrouve, dans les chambres syndicales patronales, l'idée dominante qui a présidé à la formation de tous les groupements : assurer aux adhérents des funérailles décentes. Afin de resserrer les liens de bonne camaraderie qui doivent unir tous les membres, une délégation du comité est toujours envoyée aux obsèques pour rendre au collègue les derniers honneurs ; une couronne est achetée par le trésorier sans qu'il ait même à prendre l'avis du bureau.

d) ÉCOLES ET COURS PROFESSIONNELS

Les chambres syndicales, appréciant de quel secours est l'instruction, ont, depuis longtemps, fondé des écoles professionnelles ou des cours d'apprentissage (1).

(1) « Il ne s'agit pas, disait un Président en 1883, de former des

Les écoles professionnelles élèvent le niveau artistique des industries; la bijouterie, par exemple, possède une des écoles les plus importantes et les mieux dirigées de France. Si le bon marché des produits étrangers tend à diminuer l'importance de certaines industries, il nous reste et il doit nous rester toujours la supériorité de l'élégance et du goût, avantage qui ne peut être conservé que par le travail et l'étude incessants.

En Allemagne, il existe de nombreuses écoles professionnelles ; et cette méthode d'enseignement influe sur la vitalité des industries. L'école française de bonneterie de Troyes rend de grands services. Les industriels de Calais, Lille, Lyon, Rouen ont à cœur, eux aussi, de soutenir des écoles d'apprentissage, et, pour cela, s'imposent de réels sacrifices, en développant les moyens pratiques de faire connaître aux élèves les progrès réalisés dans le matériel et son fonctionnement.

Les chambres du bâtiment voient leurs douze écoles professionnelles prendre, de jour en jour, plus d'extension. Les cours gratuits sont suivis par plus de 1300 apprentis et jeunes ouvriers, désireux de se perfectionner, auxquels on apprend théoriquement et pratiquement le métier.

état-majors, plus ou moins farcis de notions générales et vagues, mais de simples et vrais travailleurs, habiles de la main, initiés à tous les secrets du métier, et surtout préservés de la corruption précoce. »

Les dévoués professeurs, quoique absorbés par leurs préoccupations de chefs de maison, n'hésitent pas à quitter leurs affaires pour répandre l'instruction professionnelle.

La chambre syndicale de l'ameublement a fondé l'école patronale des « Enfants de l'Ebénisterie », celle des tapissiers, le Patronage des « Enfants tapissiers ». L'une des écoles les plus remarquables est celle fondée par la chambre syndicale de la carrosserie ; les études durent trois ans ; les cours sont faits par six professeurs et les élèves sortant dans un bon rang sont fort recherchés par les patrons carrossiers, qui leur offrent des situations avantageuses.

De son côté, la chambre syndicale des entrepreneurs de serrurerie et de constructions en fer de Paris et du département de la Seine, a organisé, depuis une dizaine d'années, des écoles professionnelles de dessin appliqué à ces industries ; les cours ont lieu à l'école Diderot et à l'école municipale de l'avenue Duquesne.

Chaque année, la chambre organise une solennité pour la distribution des récompenses aux ouvriers et apprentis fréquentant les cours. Indépendamment des écoles professionnelles, des cours de dessin et de modelage, institués dans des locaux spéciaux donnent depuis longtemps les meilleurs résultats.

Les conditions requises chez les élèves des écoles professionnelles syndicales sont : l'âge de 13 à 14 ans, et le certificat d'études primaires. L'enseignement porte sur les connaissances professionnelles théoriques et pratiques, en même temps que sur une instruction primaire assez complète.

La chambre syndicale de la teinture et des industries qui s'y rattachent a pris l'initiative de la création de cours professionnels, en fondant un laboratoire de chimie industrielle.

Dans les ateliers, on ne fait pas, ou très peu d'apprentis ; les industriels ont essayé de tous les moyens ; mais le recrutement devient de plus en plus difficile, la population recherchant un résultat rapide et un gain facile à obtenir ; or, dans les administrations, hôtels, magasins de nouveautés, on fait des hommes qui ne connaissent aucun métier, alors que le vieux dicton est toujours vrai : « métier vaut rentes. »

Au fond, bien des parents se désintéressent complètement de l'instruction professionnelle de leurs enfants ; et autant ils s'en débarrassent volontiers tant que ceux-ci ne sont pas en état de gagner un salaire, autant ils deviennent subitement exigeants, dès qu'ils commencent à savoir un métier. De là tant d'apprentissages interrompus. Enfin, les ouvriers considèrent d'un mauvais œil l'apprenti, dans lequel ils voient une cause possible de diminution de salaires, en même temps qu'une concurrence pour l'avenir.

Les chambres syndicales ont bien fondé des patronages d'apprentis, s'occupant de leur instruction et de leur travail, leur décernant des médailles, prix, livrets de caisse d'épargne. Malgré cela, les contrats d'apprentissage se retournent, souvent, contre les patrons et ne servent pas à grand'chose, puisqu'ils sont rompus avant leur expiration, alors que le patron a supporté les ennuis du début, sans compensation aucune pour les malfaçons, les déboires de toute sorte et le temps perdu par les ouvriers qui enseignent le travail.

De leur côté, beaucoup de patrons font de leurs apprentis de futurs hommes de peine ; ceux-ci partent, dès l'aube, retenir des places chez les commissionnaires et ainsi, au lieu d'apprendre un métier, contractent des habitudes de paresse. La loi de 1848 concernant les devoirs des patrons envers les apprentis reste ainsi lettre morte, à tel point que le ministre du Commerce, de l'Industrie, des Postes et des Télégraphes, ému de cet état de choses, a récemment ouvert une enquête sur les conditions de l'apprentissage et prié toutes les Chambres syndicales de répondre à deux questionnaires (1).

Questionnaire n° 1.

A Etat de l'apprentissage :

1) Dans votre région, quelles sont les industries et les professions pour lesquelles on forme des apprentis ?

2) Parmi les autres industries et professions de votre région, en est-il qui formaient autrefois des apprentis et qui, maintenant, n'en forment plus ? Lesquelles ?

3) Pour quelles causes les industries et professions énumérées sous la question 2 ont-elles cessé de former des apprentis (causes économiques, causes morales) ?

4) Dans quelles conditions s'opère, maintenant, le recrutement

« On ne rencontre, d'ailleurs, plus l'apprentissage
sérieusement pratiqué, que dans les établissements de
la petite industrie et dans le commerce en général. La

des ouvriers dans les industries et professions qui ne forment pas
d'apprentis ?

5) Quel a été l'effet de la suppression de l'apprentissage :

a) Sur la marche des industries ;

b) Sur la condition des ouvriers ?

6) Quelles sont les industries ou professions pour lesquelles le rétablissement de l'apprentissage semble désirable ? Quels avantages
retireraient du rétablissement de l'apprentissage les patrons et ouvriers de ces industries ou professions ?

7) Existe-t-il, dans votre région, des industries ou professions qui
emploient un grand nombre des ouvriers formés dans les écoles professionnelles ? Quelles sont ces industries ou professions ?

8) Est-on généralement satisfait des ouvriers qui sortent des écoles
professionnelles ? Sont-ils préférés (et dire, en ce cas, pour quels
motifs) à ceux qui ont appris le métier exclusivement dans les ateliers industriels ?

9) A défaut d'apprentissage à l'atelier, quelles sont les industries
et professions de votre région pour lesquelles il y aurait utilité et
possibilité de former des apprentis dans les écoles professionnelles ?

10) Quelles sont les industries ou professions de votre région où
l'apprentissage ne pouvant être fait qu'en partie à l'atelier, il serait
nécessaire que l'enfant complétât en même temps son instruction en
suivant des cours professionnelles.

11) Si l'on organise des cours de perfectionnement devant s'allier
avec le travail à l'atelier, leur fréquentation devrait-elle être rendue
obligatoire dans certains cas ? Dans ces cas, les heures de cours
devraient-elles être comptées dans la durée légale du travail.

12) En cas de fréquentation obligatoire des cours professionnels,
vous paraîtrait-il préférable que ceux-ci fussent faits durant une
partie de la journée ou qu'ils eussent lieu à certains jours de la semaine pendant lesquels l'enfant n'irait pas à l'atelier ?

13) Dans les industries de votre région, y a-t-il, dans l'ensemble,
progrès ou décroissance de l'instruction professionnelle des ouvriers ?

B. Contrat d'apprentissage :

14) Pour chacune des industries ou professions où dans votre

encore, les connaissances spéciales et une certaine habi-
bileté sont requises. Quoi qu'il en soit, ce que l'apprentissage perd du côté de l'atelier, il le regagne du côté de
l'école professionnelle, et son niveau plus élevé tend à
faire de l'ouvrier le plus intelligent, l'apprenti contre-
maitre et chef d'atelier.

« Peu à peu, l'enseignement technique se substitue,
ainsi, à l'ancien apprentissage. » (Hubert Brice. *Les
institutions patronales.*)

Les écoles professionnelles, quoique fort utiles, ne
sont cependant pas suffisantes à elles seules. On a
démontré, avec chiffres à l'appui, qu'un professeur

région l'apprentissage des ouvriers est ordinairement réglé par un
contrat écrit ou verbal, prière de remplir l'un des questionnaires nᵒ 2
ci-joints et de rappeler ci-dessous les noms de ces industries et professions.

15) Quels sont les différends relatifs à l'exécution du contrat d'apprentissage qui se produisent le plus souvent dans votre région ?

16) Y aurait-il lieu, à votre avis, d'instituer des stipulations nouvelles de nature à éviter ces différends ? Lesquelles ?

17) Vous semble-t-il désirable que la loi oblige à rédiger par
écrit le contrat d'apprentissage ? Dans quels cas ?

18) Comment est assurée, dans votre région, la protection des apprentis ? Est-elle suffisante ? Quel système proposeriez-vous pour
la rendre plus efficace ?

19) Quelles sanctions nouvelles jugeriez-vous utile d'apporter à
l'exécution des contrats d'apprentissage ?

20) Observations complémentaires.

Questionnaire nᵒ 2.

1) L'apprentissage des ouvriers est-il réglé par un contrat verbal ?
Joindre un modèle du contrat écrit ou exposer les conditions du contrat verbal.

2) Quelle est généralement la durée de l'apprentissage ? Semble-t-
elle suffisante ?

ne peut guère consacrer, par jour, plus de dix minu-
tes à chacun de ses élèves ; or, il est présumable qu'un
patron, quelque surchargé de travail qu'il pût être,
trouverait facilement, le même laps de temps pour s'occuper de son apprenti. Les écoles du soir sont condamnées, et il n'y a pas lieu de s'y arrêter (il est bien
certain, en effet, que les jeunes gens ne peuvent y
faire travail utile après une journée entière d'atelier) ;
mais, ne pourrait-on pas, mettant en pratique un vœu
souvent émis dans les chambres syndicales, ensei-
gner, dans les écoles du jour tout ce qui est en dehors
de la partie technique ? Les patrons chargés d'ensei-
gner cette partie technique seraient alors obligés par la
loi d'envoyer leurs apprentis aux heures fixées ; puis
on organiserait des concours obligatoires, concurremment avec les écoles professionnelles, afin de récompenser les plus méritants, auxquels des places seraient
réservées dans les meilleures maisons, grâce à l'influence des chambres syndicales.

La chambre du papier et des industries qui le trans-
forment établit, chaque année, des concours de travaux
manuels « en vue d'encourager chez les apprentis et
jeunes gens employés des deux sexes, l'amour du travail et l'esprit de conduite, d'exciter leur émulation et
d'élever le niveau de leurs connaissances professionnelles. » Les récompenses consistent en livrets de caisse
d'épargne, médailles et objets divers.

c) Encouragements aux anciens employés et ouvriers : prix et récompenses

Si elles se préoccupent du travail à donner aux jeunes, les Chambres syndicales songent aussi à récompenser les ouvriers et employés âgés en décernant des diplômes et médailles à ceux qui comptent vingt ans de services dans la même maison, et en intervenant, très activement, auprès du gouvernement pour que les ouvriers et employés, lorsqu'ils ont accompli leur trentième année de services, obtiennent la médaille du travail.

Le conventionnel Saint-Just, dans son essai de constitution démocratique, voulait qu'à certains jours, dans les assises du travail, les vieux artisans fussent célébrés et honorés. Déjà, en 1846, les fabricants de Paris avaient eu l'idée de distribuer des récompenses aux meilleurs ouvriers. La première distribution de médailles « pour récompenser la probité, l'intelligence et le dévouement des contre-maîtres et des ouvriers ayant au moins dix ans de bons et loyaux services chez le même patron » a eu lieu, le 21 décembre 1884, dans une fête présidée par M. Waldeck-Rousseau, sous les auspices de l'union des syndicats de l'industrie et du bâtiment.

Les médailles trentenaires, dotées par les patrons et distribuées avec un cérémonial très imposant, sous la

présidence d'un ministre, sont une création qui fait le
plus grand honneur aux chambres syndicales patronales ; ces médailles constituent, en effet, le meilleur
trait d'union entre l'Etat, qui accorde la distinction, le
patron, qui la réclame, et l'ouvrier, fier de l'obtenir
Un banquet annuel réunit, le jour même de la distribution des récompenses, les lauréats, qui, pour la cir-
constance, sont placés, à table, aux côtés de leurs patrons.

Pour que les collaborateurs, si humbles soient-ils, s'intéressent à la lutte contre la concurrence étrangère,
il faut qu'ils aient conscience de la situation et des
efforts que l'on attend d'eux ; en les récompensant,
le patron les associe et obtient qu'ils travaillent de
grand cœur pour la gloire et la prospérité des maisons dans lesquelles ils ont passé trente années (1).
C'est donc le rôle des chambres syndicales, de présenter
les candidats pour l'obtention de la médaille (avec ruban
tricolore) décernée par l'Etat ; — et, représentant la
profession tout entière, elles n'examinent pas si le chef
de maison fait, ou non, partie du groupement.

Bien des patrons sont entrés dans la voie de la conciliation et du progrès en fondant des prix (2), et surtout
en établissant le système de la participation aux bénéfices, cette combinaison de l'avenir, de laquelle M. Wal-

(1) Un ouvrier a récemment reçu la médaille, après 68 années
passées dans la Compagnie de Fives-Lille.

(2) Un généreux donateur, M. Faivre a fondé des prix annuels
décernés par la Chambre syndicale des instruments de musique, représentant une valeur de cinq mille francs.

deck-Rousseau disait « qu'en associant, chaque jour, davantage l'ouvrier au profit de son industrie, elle rend son travail plus productif par lui-même, plus utile pour celui qui l'emploie, attache le travailleur à l'atelier, établit entre tous une collaboration de plus en plus intime ».

Enfin, par esprit très louable de solidarité, les chambres syndicales ont eu parfois à se préoccuper de la situation faite à certains agents dont les fonctions les intéressaient particulièrement. C'est ainsi que la chambre syndicale des bois à brûler, la communauté des marchands de bois à ouvrer, la chambre syndicale des bois de sciage et d'industrie, ont pris en mains la cause des gardes-ports, sur les nominations et mutations desquels elles sont appelées par le Ministre des Travaux publics à donner leur avis. Le Conseil d'Etat ayant décidé, en décembre 1895, que les inspecteurs et gardes-ports, malgré les retenues prélevées par l'Etat sur leur salaires, n'avaient droit à aucune retraite, l'intervention de ces chambres syndicales amena les Ministres des Finances et des Travaux publics à un arrangement acceptable : on remboursa aux ayants-droit toutes les sommes indûment retenues, en leur laissant la facilité de verser ces fonds à la Caisse des retraites pour la vieillesse, contre une rente viagère. Désormais, les agents des ports, n'étant soumis à l'obligation d'aucune retenue, n'ont plus droit à une retraite.

CHAPITRE IV

Des dangers que peuvent présenter les syndicats patronaux au point de vue de la liberté du commerce. Répression des coalitions et des accaparements (1).

La liberté du commerce est atteinte, lorsque les principaux détenteurs d'une marchandise, coalisés sous la forme de syndicat, s'entendent pour ne la vendre qu'à un certain prix, ou même pour ne pas la vendre à certaines personnes ou dans certaines circonstances.

De tels procédés constituent le délit d'accaparement, prévu et puni par les articles du Code Pénal. Or, la question s'est posée devant les tribunaux de savoir si, depuis la loi de 1884, les syndicats professionnels étaient susceptibles de tomber sous le coup de ces dispositions pénales. Malgré la disparition de nos Codes des dispositions relatives aux coalitions, et quoiqu'ils puissent paraitre, au dire de M. Batbie, une anomalie dans

(1) Voir note de M. Jay, *sous Paris*, 28 février 1888 (S. 1889, 2, 49).
Note de M. Lévy-Ullmann, *sous Bordeaux*, 2 janv. 1900 (S. 1901, 2, 125).
Brunschvicg, Responsabilité des syndicats professionnels à raison des atteintes à la liberté du travail. *Thèse*. Paris. 1902.

notre législation, surtout après la loi du 21 mars 1884, les articles 419 et 420 du Code pénal n'en restent pas moins en vigueur.

Examinons, en effet, si, à défaut d'une abrogation expresse, que ne contient pas la loi de 1884, les articles en question sont inconciliables avec cette loi. M. Boullay (Code des Syndicats professionnels, n°s 153, 154, 155) soutient l'affirmative, en faisant valoir que la crainte de tomber sous le coup de l'article 419 gênerait les syndicats professionnels dans la défense des intérêts industriels ou commerciaux de leurs membres, contrairement au texte de la loi de 1884. Mais, c'est aller trop loin, car on ne saurait prétendre que les associations professionnelles soient empêchées par l'article 419 de faire œuvre utile.

On s'est aussi fondé sur un arrêt ancien et fort contestable de la Cour de Cassation (S. 1838, 1, 241) lequel décide que les membres d'une société commerciale qui réunissent leurs capitaux et leur industrie, ne peuvent être considérés comme coupables de coalition, alors même qu'en concentrant leurs forces, ils auraient amené la baisse de certaines marchandises. Le motif donné est qu'une coalition peut seulement se former entre *plusieurs* personnes, et qu'une société commerciale, constitue réellement *une seule* personne morale. Mais, est-ce que le syndicat professionnel constitue lui aussi *une seule* personne morale ? L'analogie n'est que spécieuse, car, s'il est exact de dire qu'une société commerciale constitue bien un détenteur unique, au point de vue légal (la personnalité de la société absorbant celle des membres), on ne saurait, au contraire, prétendre que le syndicat professionnel soit fabricant ou commerçant ; sa nature ne lui permet pas de remplir le rôle d'un détenteur de marchandises. L'individualité comme détenteur de marchandises persistant pour chaque membre, malgré l'adhésion au syndicat, le concert formé est une entente entre *plusieurs* personnes distinctes, et tombe sous le coup de l'article 419 du Code Pénal, qui subsiste encore, non abrogé par la loi de 1884.

Ainsi, l'article 419 du C. pénal réprime les manœuvres d'un syndicat qui ont pour effet d' « opérer la hausse ou la baisse des denrées ou marchandises, au-dessus et au-dessous des prix qu'aurait déterminés la concurrence naturelle et libre du commerce ». La jurisprudence n'a d'ailleurs jamais hésité à en faire l'application aux syndicats formés en vue des accaparements visés par l'art. 419, ceux-ci ne pouvant valablement se proposer pour objet un but prohibé, tel que la hausse fictive.

D'autre part, si les chambres syndicales ont le droit (qui leur a été reconnu par la loi 21 mars 1884), de prendre toutes les mesures ayant pour but de défendre les intérêts professionnels de leurs adhérents, il leur est interdit de se soustraire aux obligations imposées par l'article 1382 du Code civil et elles restent soumises à la sanction édictée par cet article, qui est l'expression du droit commun. Depuis l'abrogation de l'art. 416 du Code pénal, l'atteinte portée à la liberté du travail par la proscription et l'interdiction si elle ne constitue pas un délit passible de peines correctionnelles, peut du moins constituer une faute entraînant une responsabilité civile.

Nous verrons l'application de ces principes dans plusieurs décisions de jurisprudence.

a) Application des articles 419 et 420 du Code Pénal.

Le fait, par les détenteurs d'eaux minérales naturelles de s'être coalisés dans le but d'empêcher la vente de ces eaux à certains négociants ou de faire en sorte qu'elles ne soient vendues qu'à un certain prix à ces négociants, et d'avoir opéré ainsi la hausse des prix au-dessus de ceux déterminés par la concurrence libre, constitue le délit prévu et puni par les articles 419 et 420 du Code pénal (Paris, 28 février 1888, S., 1889, 2, 49) ; (Lyon, 21 avril 1896, S., 1896, 2, 164). Les détenteurs d'eaux minérales naturelles, ainsi prévenus du délit de coalition, ne sauraient échapper à la répression en prétendant que les faits reprochés ne sont que les conséquences de leur réunion en syndicat, autorisée par la loi du 21 mars 1884 ; car cette loi n'a pas abrogé, même implicitement, les articles 419 et 420 du Code pénal.

Un arrêt de la Cour de Bordeaux, du 2 juin 1900

(S. 1901, 2, 125) confirmant un jugement du tribunal de Périgueux, déclare nul, pour cause illicite, le « trust » formé, en 1891 et 1895 par les fabricants de chaux de Saint-Astier. La société avait été contractée entre ces fabricants à la suite de l'annulation, (par un jugement qui lui avait fait l'application de l'article 419. C. Pén.,) d'un syndicat formé entre eux dans le but d'uniformiser le prix de vente des produits dans une région comprenant la plus grande partie du territoire français. Ici, l'obligation des contractants avait une cause et un objet illicite, et tombait, par conséquent, sous l'application des articles 1131 et 1133 du Code civil.

b) Application de l'article 1382. Code civil.

Deux cas intéressants sont à citer :

1° La Chambre syndicale de Clermont-Ferrand mit à l'index, par des circulaires adressées à des syndicats similaires, une maison de gros de cette ville, qu'elle accusait d'avoir contrevenu à un usage commercial, d'après lequel les marchands en gros ne peuvent traiter avec la clientèle bourgeoise, sans passer par l'intermédiaire des maisons de détail.

Le commerçant lésé demanda compte au syndicat du préjudice résultant de la proscription prononcée à son égard, et obtint gain de cause devant la Cour de Riom. (V. Jug. du Tribunal de commerce de Clermont-Ferrand, du 5 juillet 1898, et arrêt de la Cour de Riom, du 7 février 1900. *Revue des Sociétés*, 1900, p. 188.)

« Considérant, dit l'arrêt du 7 février 1900, que l'usage allégué par le syndicat de Clermont est contraire à la liberté du commerce et de l'industrie, qui est d'ordre public ; que chaque maison est libre de faire, à sa convenance, une ou plusieurs sortes de clientèle ; que chacun a le droit de vendre et d'acheter à qui il lui plait, sans être obligé d'employer tel ou tel intermédiaire ; qu'il est contraire à la saine raison de vouloir imposer aux marchands de gros l'emploi des intermédiaires. » Le syndicat a donc commis une faute de nature à engager sa responsabilité, puisque la proscription a causé un véritable préjudice ; la cour de Riom invoque, avec raison, l'article 1382 du Code civil.

2° De même, les coalitions d'industriels et les syndicats, qui ont le droit de défendre leurs intérêts par des mesures générales, font de ce droit un usage illégitime en prenant des dispositions applicables à telle ou telle personne individuellement désignée, de façon à lui nuire et à gêner sa liberté. L'Union des teinturiers et apprêteurs du Nord avait décidé, pour éviter la concurrence des fabricants de tissus, de faire payer un tarif majoré à ceux de ces industriels qui auraient chez eux des ateliers de teinture, ainsi qu'au commissionnaire chargé par les fabricants pour se soustraire à cette majoration de tarif, de faire teindre en son nom personnel leurs produits chez les teinturiers syndiqués. C'est dans ces conditions que Mathon et Dubrulle, fabricants de tissus, assigné-

rent l'Union en réparation du dommage éprouvé à raison
de la majoration des prix.

Leur demande fut accueillie, en vertu de l'article 1382
Code civil, par la Cour de Douai (13 juillet 1900. *Rev.
des Sociétés*, 1901, p. 15), laquelle estime que, « maî-
tresse de hausser ou de baisser les prix comme elle
l'entend, l'Union ne saurait faire de ce droit un usage
susceptible de contrarier le libre exercice du commerce
et de l'industrie, résultat auquel elle aboutit en édictant un tarif différentiel, tant contre les fabricants de
tissus qui, conformément à leur droit, établissent chez
eux un atelier de teinturerie, que contre les intermédiaires dont usent ces fabricants auprès des teinturiers
de profession, pour la partie de leurs produits qu'ils ne
peuvent teindre eux-mêmes. »

Toutefois, la Cour de Douai a statué, selon nous,
plutôt en équité qu'en droit strict, et sa décision, qui
serait excellente dans un pays où les tribunaux juge-
raient en équité, semble très contestable en France, où
ils ne peuvent appliquer que les lois écrites : « Chaque
teinturier, dit avec raison M. Hubert Valleroux, a incon-
testablement le droit de fixer ses prix et de choisir ceux
avec lesquels il lui convient de traiter, comme aussi de
poser des conditions. On ne voit pas bien comment
ce droit devient un quasi-délit parce que les divers
teinturiers de la région se sont concertés pour l'exercer
tous ensemble et à des conditions convenues entre eux.
Qu'il sorte de cet accord des résultats fâcheux pour

les intérêts des tiers, ce n'est pas douteux ; mais nous ne voyons pas comment on pourrait le condamner légalement. »

La Cour de cassation sera appelée bientôt à trancher la question ; puisque, sur pourvoi formé par l'union des teinturiers du Nord contre l'arrêt de la Cour de Douai, la Chambre des requêtes a rendu, à la date du 20 novembre 1901, un arrêt d'admission.

En résumé, c'est l'article 1382 qui est appliqué par les tribunaux pour condamner les groupements ayant commis une faute et fait subir un préjudice. Les associations professionnelles sont rendues civilement responsables à raison des atteintes que, par elles-mêmes ou par leurs agents, elles portent à la liberté du commerce. Autant il est désirable, en effet, que les syndicats professionnels aient la plus large liberté d'action lorsqu'ils demeurent dans le cercle des intérêts corporatifs, autant on doit mettre en jeu leur responsabilité dès qu'ils portent atteinte à la liberté d'autrui.

TROISIÈME PARTIE

ARBITRAGES SYNDICAUX : CONCILIATION ET EXPERTISES

CHAPITRE PREMIER

ARBITRAGES

a) Historique

« Surchargés d'affaires techniques, le tribunal de commerce de la Seine et les conseils de prud'hommes avaient pris l'habitude de soumettre l'examen de ces affaires à des experts, nommés arbitres-rapporteurs, dont les conclusions étaient, le plus souvent, adoptées par les juges. » (1) Il est évident que les chambres syndicales se trouvaient bien placées pour fournir, dans tous les litiges spéciaux, des arbitres compétents et honorables. Le premier objet des chambres syndicales fut, en effet, de régler les différends entre commerçants et industriels ; il est curieux de le remarquer, alors qu'on lit dans le préambule du « Registre des mestiers de

______

(1) Hubert-Valleroux, *op. cit.*

Paris » que ce recueil (le premier qui donna aux corporations parisiennes une forme légale) a été surtout composé pour fournir aux juges les moyens « d'abatir et de finir les plez. »

Aussi, dès 1840, voit-on le tribunal de commerce renvoyer à l'examen des chambres syndicales du bâtiment, de nombreux différends, concernant les difficultés qui s'élevaient entre industriels et commerçants, patrons et ouvriers. Le dossier était transmis au président de la chambre, et des commissions, formées dans le sein de celle-ci, formulaient leur avis ; ces avis étant presque toujours adoptés, les chambres syndicales remplissaient, ainsi, les fonctions d'arbitres-rapporteurs. Dans la chambre de l'industrie du papier, la procédure était particulièrement perfectionnée : le président tentait, toujours, de concilier les parties, lesquelles, si elles ne pouvaient s'entendre à l'amiable, choisissaient, sur la liste des membres, des arbitres pour trancher le différend.

De 1859 à 1875, sur 12.986 affaires envoyées à l'Union nationale, 2.489 seulement revinrent devant le tribunal de commerce ou les prud'hommes ; toutes les autres avaient été arrangées à l'amiable. En 1873, le groupe de la Sainte-Chapelle fut saisi de 1.300 affaires. Bien plus, les frais moyens, par affaire, ne s'étaient pas élevés à plus de 4 francs.

En 1874, le ministre de la Justice, M. Tailhand, dans une circulaire, se fondant sur la précarité et par suite

l'irresponsabilité des chambres syndicales, prohibait
comme contraire à l'article 429 du Code de procédure
civile, cette pratique utile aux justiciables, puisqu'elle
leur assurait l'avantage d'une justice compétente et gratuite. La décision du garde des sceaux fut une véritable
déception pour tous ceux appelés devant les tribunaux
de commerce; néanmoins, elle était parfaitement justifiée, et conforme à la loi. La difficulté fut tournée, cependant, par les tribunaux, qui désignèrent comme
arbitres les membres des chambres syndicales pris individuellement, et remplissant les conditions exigées
par l'article 429 ; mais un membre ainsi désigné ne saurait avoir la même autorité morale que la chambre
syndicale tout entière.

On pouvait espérer que la loi de 1884 viendrait trancher la question et abroger les prescriptions prohibitives
du Code de procédure sur ce point ; le gouvernement
désirait, après avoir donné l'existence légale aux syndicats professionnels, leur permettre de rendre service
aux justiciables, et la Chambre des députés avait inscrit
dans la loi ce paragraphe : « Les syndicats professionnels pourront être choisis pour *exercer les fonctions
d'arbitres ou d'experts.* » Mais la proposition fut modi-
fiée, et le texte actuel porte que : « Les syndicats professionnels pourront être *consultés* sur tous différends
et toutes questions se rattachant à leur spécialité. Dans
les affaires contentieuses, les avis du syndicat seront

tenus à la disposition des parties, qui pourront en prendre connaissance et copie ».

b) L'arbitrage syndical et la loi de 1884

Sous le régime de la loi de 1884, les chambres syndicales, devenues personnes morales, peuvent-elles être prises comme arbitres ? Consulté sur cette question par le président du tribunal de commerce de la Seine, le garde des Sceaux répondit, le 7 juillet 1885, que la nouvelle loi laissait debout l'article 429 du code de procédure, et, pour mieux formuler son opinion, ajoutait : « Ainsi, même depuis la loi nouvelle, le renvoi d'une affaire devant une chambre syndicale désignée comme arbitre ne peut être considéré comme légalement autorisé. Les chambres peuvent seulement être consultées sur des questions techniques soulevées dans les différends portés devant les tribunaux ; et elles ont, à cette occasion, le droit d'émettre des avis. Leurs pouvoirs ne vont pas au-delà, et elles ne peuvent, dans les affaires qui leur sont renvoyées par les tribunaux, faire acte de juridiction. »

C'est, d'ailleurs, la solution certaine résultant des travaux préparatoires, car elle s'appuie sur un passage décisif du discours de M. Marcel Barthe, rapporteur (1).

____

(1) *Journal officiel*, 1882. Débats parlementaires, page 969.

« Les syndicats professionnels ne peuvent pas avoir de juridiction propre ; on maintient le droit pour les tribunaux de prendre leur avis, en tant que collectivité ; mais, c'est un simple avis. Si une juridiction veut donner à un syndicat un mandat plus explicite, le tribunal peut désigner des arbitres *parmi les membres qui le composent*, et alors, un rapport peut être déposé. Mais dans ce cas, il faut que l'on se conforme aux dispositions de l'article 429 du Code de procédure, que nous entendons maintenir. » Conformément à la circulaire du garde des sceaux, les chambres syndicales présentent, chaque année, aux présidents des tribunaux, une liste de quelques membres, sur laquelle les arbitres-rapporteurs seront choisis. Ceux-ci désignés individuellement, conformé, nt à l'article 429 du Code de procédure, prennent, en fait, l'avis de la chambre syndicale, mais rédigent, sous leur propre responsabilité, un rapport destiné à éclairer les juges. D'autre part, si les tribunaux de commerce ne peuvent plus prendre les syndicats pour arbitres permanents, ils peuvent, du moins, les consulter dans les cas difficiles : « On comprend très bien, disait M. Marcel Barthe, que le tribunal renvoie les parties devant une chambre syndicale pour qu'elle donne son avis. »

Dans la pratique, l'avis des chambres syndicales est souvent demandé ; et c'est un exemple qui devait être suivi par les tribunaux civils dans les affaires techni-

ques (1). Le résultat des solutions intervenues sur les
rapports confiés à l'arbitrage gratuit des syndicats

(1) Voici, à titre documentaire, la formule employée par le Tribunal de commerce de la Seine, ainsi qn'une lettre convoquant les parties à un arbitrage devant une Chambre Syndicale.

TRIBUNAL DE COMMERCE
DE LA SEINE

GREFFE

SYNDICATS PROFESSIONNELS

Arbitrages gratuits

Monsieur le Président,

J'ai l'honneur de vous prévenir que, par jugement du..... courant, le Tribunal a décidé de demander, conformément à l'article 6 de la Loi du 21 mars 1884, l'avis gratuit du syndicat que vous présidez, dans une contestation entre le sieur..... et le sieur.....

Il ne sera perçu aucune sorte d'honoraires ou taxe. Les débours justifiés devront être indiqués en bas des rapports, si le syndicat en demande le remboursement.

Chambre Syndicale
DE LA
DRAPERIE
8, Rue des Pyramides

ARBITRAGE

Paris, le.....   190...

M.....

Par jugement du.....
le Tribunal de commerce de la Seine a renvoyé à l'examen de notre Chambre syndicale, une affaire pendante entre vous et M.....

En conséquence vous êtes invité à vous rendre le.. ..
à.....heures.....au siège du Syndicat général, 8, rue des Pyramides, où il sera procédé à cet arbitrage.

Veuillez vous munir *d'une copie de l'assignation et de tous les titres et documents qui concernent le différend.*

Dans le cas où vous ne pourriez vous présenter en personne, votre mandataire devra être porteur d'une autori-

professionnels est, d'ailleurs, tenu à la disposition des
chambres syndicales (2).

Le président du tribunal de commerce, par lettre en
date du 13 octobre 1885, priait les présidents d'Unions
de syndicats de faire connaître la liste des chambres légalement constituées, et pouvant, par suite, être consultées par le tribunal pour donner leur avis sur toutes
les questions techniques. Un jugement du 21 octobre
1890, (*Gazette du Palais*, 13 février 1892) met dans ses

    sation sur papier libre, avec pouvoir de transiger, 's'il y
a lieu.

    Recevez, M....., mes salutations.
Le Président de la Chambre Syndicale
de la Draperie.

    N. B. — Nous vous rappelons que vous devez faire en-
registrer le jugement de renvoi dans les vingt jours de
sa date.

(2)
Paris, le 1er mars 1899.
Monsieur le Président,

    J'ai l'honneur de vous aviser que, dorénavant, vous pouvez
prendre connaissance, au Secrétariat de la présidence, du résultat
des solutions intervenues sur les rapports confiés à l'arbitrage gratuit de votre Syndicat professionnel.

    A cet effet, un état mensuel sera dressé et tenu à votre disposition
tous les jours, de 2 heures à 5 heures.

    Je crois répondre ainsi au désir manifesté par vos collègues qui, je
suis heureux de le reconnaître, donnent à la justice consulaire un
utile et désintéressé concours.

    Veuillez agréer, Monsieur le Président, l'assurance de mes senti-
ments distingués.
Le Président du Tribunal de Commerce,
Victor Legrand.

considérants : « vu l'avis du syndicat professionnel des cuirs et peaux ».

Les avis ainsi donnés par les chambres syndicales sont versés aux débats ; si les juges ne sont pas suffisamment éclairés, ils pourront toujours ordonner une expertise régulière ; rien n'empêchera, alors, de désigner comme expert ou arbitre-rapporteur un membre du syndicat qui pourra consulter sa chambre avant de rédiger le rapport. Malheureusement, l'article 6 de la loi de 1884 n'organise aucune procédure pour ces avis. Les chambres syndicales pourront-elles convoquer les parties, recueillir des explications ? quel sera le délai ? Ces difficultés pratiques sont de nature à enrayer les efforts tentés par les tribunaux de commerce pour favoriser le développement de ce nouveau mode d'enquête judiciaire.

e) NÉCESSITÉ ET SUPÉRIORITÉ DE L'ARBITRAGE SYNDICAL

Les chambres syndicales ne sont-elles pas désignées, de préférence, pour parer aux [inconvénients qui résultent, dans certains tribunaux de commerce, du nombre insuffisant des magistrats consulaires ? A Paris, notamment, les 42 juges qui ont à s'occuper, annuellement, de 70.000 affaires, ne peuvent étudier les causes dans tous leurs détails ; de plus, comment le même homme saurait il être compétent, aujourd'hui en peinture, demain en mécanique ? Le tribunal n'a pas ici, à « débrouiller » les causes, mais à se renseigner auprès du praticien, seul compétent pour trancher le litige.

Et quel est le véritable praticien ? Est-ce l'arbitre salarié, à la tête d'un cabinet d'affaires ? Celui-ci, assurément, rédigera ses rapports dans une forme brillante, mais il est des choses qui échappent à l'esprit le plus judicieux quand une connaissance particulière des usages spéciaux lui fait défaut. Or, les chambres syndicales procurent au tribunal des arbitres-rapporteurs très au courant de l'objet des contestations, à raison de leur pratique professionnelle, pouvant fournir leurs conclusions sur l'affaire dans un bref délai, et de plus, ne réclamant aucun honoraire ; ce dernier point est capital, si l'on fait attention que les honoraires de l'arbitre-rapporteur (qui varient entre 60 et 100 francs), augmentent, sensiblement, les frais des procès commerciaux. Outre la presque gratuité (1), de règle dans les chambres syndicales, les justiciables trouvent donc, en s'adressant à elles, une grande économie de temps. Et, aussi bien dans les différends soumis par les tribunaux de commerce que dans ceux apportés directement, il faut reconnaître la supériorité de l'arbitrage syndical, puisque, à Paris, 400 chambres syndicales, représentant

(1) « Les efforts communs du Tribunal et des Syndicats professionnels ont eu pour but constant d'obtenir la diminution des frais devant la juridiction consulaire ». (Extrait d'une lettre adressée par M. Goy, président du Tribunal de commerce de la Seine, 8 décembre 1897), aux présidents des Chambres syndicales.

72.000 adhérents, ont constitué de véritables commissions, prêtes à donner leur concours éclairé (1)

Les litiges sont, du reste, examinés avec un tel souci d'équité que, lorsque la conciliation n'a pu avoir lieu, le tribunal de commerce fait toujours grand cas de l'opinion émise dans le rapport, et dans la plupart des contestations, rend une sentence conforme aux conclusions indiquées. « Lorsqu'on a des torts, disait M. Gauthier (2), on est plus mal à l'aise devant nos commissions judiciaires d'une compétence absolue, rigoureusement disciplinées, fonctionnant avec l'autorité de la loi, que devant des arbitres ou des experts ordinaires. On se fréquente dans la corporation, les petits moyens n'ont pas cours, tout est connu ; impossible d'égarer, dans une question de métier, l'homme qui vous juge au nom de la corporation. Le jugement est toujours équitable, parce qu'il est rendu avec une compétence qui n'est pas niable. »

A l'heure actuelle, étant donné le grand nombre des affaires envoyées par les tribunaux de commerce, les

(1) Un roulement a lieu entre tous les membres du syndicat pour les fonctions d'arbitre gratuit ; les noms sont désignés, chaque année, par le Président du Tribunal de commerce, sur la proposition de la Chambre : « Je viens, en conséquence, vous prier de vouloir bien m'indiquer, par spécialité, les noms et adresses de deux ou trois négociants de votre profession disposés à faire, gratuitement et individuellement, les instructions qui leur seraient confiées, et dignes, à tous égards, d'être investis de ce mandat de justice. » (Circulaire aux présidents des Chambres syndicales, 30 décembre 1899).

(2) Les industries du bâtiment en 1883.

commissions doivent souvent tenir des séances supplémentaires ; c'est la preuve manifeste de l'estime dans laquelle les juges consulaires tiennent les chambres syndicales, et celles-ci, quel que soit le surcroît de travail qui doive leur incomber de ce fait, désirent voir augmenter encore le nombre de ces arbitrages, qui rendent au commerce et à l'industrie de signalés services.

Nous comprendrons maintenant pourquoi les syndicats patronaux réclament la suppression des arbitres salariés dont les prétentions font contraste avec les garanties attachées aux arbitrages syndicaux ; ce sentiment est, du reste, presque unanimement partagé, et l'on demande avec insistance dans le monde commercial, qu'il soit mis un frein aux exigences exorbitantes des arbitres de profession qui souvent même ont recours aux chambres syndicales pour s'éclairer dans les questions techniques. « Véritable fléau pour le plaideur, disait M. Tirard, ils mettent un temps très long à l'examen des contestations, sans être toujours compétents, attendu que leur nombre est limité. » Plusieurs fois, les présidents de tribunaux de commerce ont loué publiquement les bons résultats obtenus par le renvoi d'affaires contentieuses aux chambres syndicales. M. Victor Legrand écrivait, le 30 décembre 1899 aux présidents des chambres syndicales : « Au cours de ma présidence, il m'a été donné d'apprécier le concours dévoué et désintéressé des syndicats professionnels du département de la Seine ; j'ai plaisir à vous en donner témoignage. »

« Le grand mérite de l'association syndicale, dit fort bien M. Havard, est d'être arrivée à s'interposer entre le tribunal et le justiciable, et de pouvoir rendre la justice le plus souvent sans frais. »

d) Commissions mixtes d'arbitrage

Devant ces résultats très appréciables, on s'est demandé s'il n'y aurait pas lieu de supprimer également les conseils de prud'hommes en les remplaçant par une sorte de commission d'arbitrage composée de patrons et d'ouvriers. Les prud'hommes parisiens jouent, en effet, un rôle important dans la solution des litiges qui s'élèvent journellement entre patrons et ouvriers.

Beaucoup de patrons syndiqués ne reconnaissent pas la nécessité de cette juridiction et croient pouvoir trancher à l'amiable entre eux et leurs ouvriers, grâce à des commissions arbitrales mixtes, tous les différends professionnels ; ils demandent même « le rétablissement de la juridiction professionnelle », non comme les jurandes d'avant la Révolution, mais, simplement, le renvoi devant les chambres syndicales, des affaires professionnelles actuellement soumises aux tribunaux de commerce ou aux conseils de prud'hommes.

L'idée est des meilleures ; mais, en admettant que les deux chambres, patronale et ouvrière, arrivent à s'entendre et à nommer une commission mixte, que celle-ci fonctionne et prenne une décision, cette décision, quoique tout à fait impartiale, donnera satisfaction à l'un et mécontentera l'autre. Or, pourrait-on trouver assez de bonne volonté chez le mécontent pour qu'il se range à l'avis de la commission, en abandonnant toute idée de poursuite devant d'autres tribunaux? Ce serait admettre que la décision de cette commission ait, dans la corporation, force de loi. Mais, au cas de poursuites de la part de l'un ou de l'autre, les tribunaux pourraient, fort bien, ne pas tenir compte de l'opinion de la commission. Dans ces conditions, l'absence d'une sanction pratique, rendue indispensable par la diversité d'intérêts des deux parties, est le vice irrémédiable du système. Enfin, comment départager les membres, si le nombre des patrons et des ouvriers est égal? On a proposé un membre suppléant tiré au sort; mais cette désignation n'est pas de nature à satisfaire dans tous les cas.

CHAPITRE II

CONCILIATION ET EXPERTISES

a) Conciliation

Il est à souhaiter de voir se généraliser l'usage qui
tend à demander, *de plano* l'avis de la chambre syndicale, dans les contestations qui s'élèvent entre confrères
de bonne foi, plutôt que d'être renvoyé devant elle par
un jugement qui, entraînant des frais, rend souvent
plus difficile un jugement amiable : « Si une contestation
est inévitable, dit Dalloz, que les commerçants l'apportent directement devant les membres de la chambre
qu'il leur plaît de désigner, et leur demandent une sentence; ce serait là de la justice purement gratuite, car le
fisc lui-même en sera exclu, puisqu'on aura évité le
papier timbré dont l'emploi, outre qu'il coûte fort cher,
a encore le triste privilège d'aigrir les parties et d'être,
le plus souvent, le seul obstacle sérieux à leur conciliation. »

Le tribunal syndical est fondé, surtout, en vue de
concilier les parties, puisqu'à certains procès il serait
impossible d'appliquer toute la sévérité du droit ; bien

des différends ne recevraient pas une solution satisfaisante s'ils n'étaient tranchés que par la rigoureuse logique, et s'il n'intervenait pas certaines concessions et certaines transactions qu'un juge véritable ne peut imposer, mais qu'un ami, un camarade peut conseiller.

Dans les affaires conciliées, les arbitres ne peuvent transmettre au tribunal l'avis de conciliation qu'après avoir obtenu des parties un désistement écrit, définitif et sans réserves.On demande, en matière commerciale, la procédure obligatoire de conciliation préliminaire à l'introduction de toutes les instances ; or, il y a très grande utilité à maintenir le mode de conciliation adopté par les chambres syndicales, car rien n'empêche les commerçants et industriels de porter, directement leurs litiges devant la chambre ou le bureau C'est alors un compromis qui désigne certaines personnes, le bureau par exemple, comme arbitres. La statistique démontre que le règlement, à l'amiable, des affaires envoyées par les tribunaux de commerce a lieu dans la proportion de 80 %, ce qui prouve les réels services rendus par les chambres syndicales en matière de conciliation. Les juges de paix, depuis quelques années, leur envoient aussi beaucoup d'affaires avec mission de les arranger à l'amiable. Dans ces cas, les parties acceptent, à l'avance, la sentence de la commission d'arbitrage.

b) Expertises

Au cours de l'administration de la justice, lorsque les magistrats estiment devoir être éclairés sur des faits ou des questions qu'ils ne peuvent connaître par eux-mêmes, ils confient, d'office, ou sur le choix des parties, à des personnes expérimentées et possédant des connaissances spéciales, la mission de leur procurer les renseignements nécessaires à la décision des litiges soumis au tribunal.

Avant le Code de procédure, l'expertise était régie par l'ordonnance de 1667 (dont les dispositions ont passé, en grande partie, dans le texte) ; à cette époque, les experts formaient une sorte de corporation, et divers édits les avaient constitués en titre d'office. Aujourd'hui, pour être expert, il suffit d'être reconnu capable de remplir la mission confiée ; les progrès incessants de la science, des arts et de l'industrie, nécessitent, d'ailleurs, de plus en plus, la collaboration du juge scientifique, c'est-à-dire de l'expert.

L'article 429 du Code de procédure donne le droit aux juges consulaires de désigner des experts avec mission de concilier les parties. Par la solution amiable de nombreux procès, souvent longs, toujours coûteux, on conçoit tous les avantages que les justiciables et les tribunaux peuvent retirer de l'exercice de ce rôle de conciliation, qui constitue pour les experts le côté le plus élevé de la fonction momentanée de laquelle ils sont chargés. A Paris les deux tiers des affaires donnant lieu à expertise se terminent ainsi par des arrangements amiables. Les experts sont choisis sur une liste arrêtée par le tribunal, laquelle comprend un grand nombre de membres des chambres syndicales, qui, par leur compétence, sont des aides précieux.

Les experts n'étant pas tarifés, réclament des honoraires, dont le chiffre est arrêté par les tribunaux de commerce ; mais il est d'usage que les membres de la chambre syndicale, pris comme experts, s'indemnisent seulement de leurs débours; il n'en va pas de même des experts salariés professionnels, dont les prétentions, parfois hors de proportion avec l'importance du litige, ont fait réclamer leur taxe par vacation, en matière commerciale, comme cela a lieu devant les tribunaux civils et administratifs.

De grandes commissions d'expertise ont, d'ailleurs, été instituées dans le sein de la plupart des chambres syndicales, afin d'éclairer les membres choisis comme experts lorsqu'il se présente un cas difficile.

Enfin, les chambres syndicales, concurremment avec les chambres de commerce, sont appelées à désigner, parmi leurs membres, à l'agrément du président du tribunal de commerce, des experts choisis pour plusieurs années, chargés d'examiner les livraisons faites par les adjudicataires à l'Etat (Ministère de la guerre), aux grandes administrations (assistance publique, etc.), et aussi de trancher les litiges en douane.

QUATRIÈME PARTIE

UNIONS DE SYNDICATS PATRONAUX

CHAPITRE PREMIER

LOI DE 1884

Si les syndicats isolés ont peu de force, et souvent
pas de consistance, il en est tout autrement des syndicats unis, c'est-à-dire de ceux rattachés à un groupe.
Nous avons vu que des Unions prospères s'étaient
fondées, bien avant la loi de 1884, laquelle a non seulement permis l'union entre individus, mais ausssi entre
syndicats ; elle autorise, en effet, les chambres syndicales « à *se concerter*, pour l'étude et la défense de
leurs intérêts économiques, industriels, commerciaux
et agricoles. » Les Unions constituent, à proprement
parler, des syndicats ayant des collectivités pour membres, et la Chambre des députés reconnaissait formel·
lement leur existence.

Mais, la question n'a pas été sans soulever, au Sénat,
de grands débats : on prétendait, en effet, que les fédérations de syndicats seraient dangereuses et sans uti-

lité, opinion erronée, car ces groupements répondent à de réels besoins, et d'ailleurs, avaient fait, depuis longtemps, leurs preuves ; il ne s'agissait que de consacrer un état de fait déjà existant. « Avez-vous oublié, disait M. Marcel Barthe, que depuis 37 ans, à Paris, il existe une association de patrons portant le titre d' « Union nationale du Commerce et de l'industrie » ? Cette association a rendu de grands services, notamment au gouvernement, quand il a eu à présenter des projets de loi spéciaux pour le commerce et l'industrie ; elle lui a été également très utile pour l'organisation des expositions. Les assemblées parlementaires elles-mêmes en ont eu besoin, pour l'examen de certains projets de lois spéciaux. De plus, l'Union nationale des patrons a reçu des témoignages d'estime, de sympathie, et des encouragements de la part de l'administration, de la part du Gouvernement. » Malgré tout, le Sénat, hanté par le spectre de vastes fédérations ouvrières groupées en vue d'une révolution sociale, et oubliant que le pouvoir avait toujours, contre les Unions sortant de leur rôle pour s'occuper de propagande politique, l'arme de la dissolution, refusa aux Unions toute personnalité civile. Celles-ci ne peuvent, en conséquence, ni posséder ni ester en justice ; et, pour avoir une personnalité distincte des syndicats qui la composent, l'Union devra se constituer en société civile ou commerciale, conformément à la loi de 1867. C'est la doctrine qui résulte d'un jugement du tribunal

de commerce de la Seine (1er mars 1898) (1), confirmé
par la Cour de Paris, déclarant que « l'Union nationale
du Commerce et de l'industrie étant une société commerciale ayant pour métier de provoquer la formation
de syndicats professionnels et de leur offrir un local et
certaines commodités, en échange de cotisations régu-
lières et d'engagements pris par ces syndicats vis-à-vis
d'elle, a le droit de réclamer l'exécution de ces engagements, et, par suite, de retenir les archives d'un syndicat qui abandonne l'Union ». Ici, l'Union possède la
personnalité civile, non pas en tant que groupement
syndical, mais en tant que société de commerce. Cette
solution est d'ailleurs critiquable à notre avis, car, les
syndicats n'ayant pas le droit de faire des actes de
commerce, les Unions ne sauraient avoir plus de droits
qu'eux.

Ainsi, la loi admet les unions de syndicats, c'est-à-dire
le groupement des chambres syndicales professionnelles
de différents métiers ou professions, et de différentes
localités ; le législateur a compris, que les divers métiers ont des points de contact, et que les réclamations
d'un syndicat isolé, ayant un caractère trop spécial, ne
sauraient guère aboutir et ne s'élèveraient pas au-dessus des intérêts professionnels, dussent-ils aller à l'encontre de l'intérêt général. L'action des Unions porte
sur les questions économiques d'ensemble, les élections

____

(1) *Revue des Sociétés* (1888, page 297).

aux conseils de prud'hommes, chambres et tribunaux de commerce, la nomination des délégués pour les expositions, etc., et l'on doit signaler « la part prise dans les discussions entre ouvriers et patrons, en s'attachant à étouffer des conflits naissants ; la compétence, la sagacité et l'esprit de justice apportés dans l'examen de toutes les questions soumises aux délibérations ».

Faut-il regretter la personnalité civile, refusée à ces Unions par la loi de 1884 ? Comme les syndicats peuvent acquérir, pour le service de l'Union, des biens dont ils restent copropriétaires par indivis, nous pensons avec M. Lagrange (rapport du 6 mars 1888) que « si la personnalité civile leur fait défaut, elles sauront trouver, dans l'organisation de syndicats particuliers, le moyen de donner une suffisante satisfaction à leurs légitimes besoins ».

CHAPITRE II

AVANTAGES

Aujourd'hui, il ne suffit même plus de grouper les personnes ; il faut grouper les groupes, associer les associations, car, à côté des questions techniques où la compétence des gens du métier est indispensable et suffisante, il en est d'autres, très nombreuses, qui visent des intérêts communs à plusieurs corps d'état, parfois même à tout un pays : douanes, transports, apprentissage, travail des enfants et des femmes, conseils de prud'hommes, accidents de fabriques, etc., etc. Il n'y a, d'ailleurs, aucune anomalie à ce qu'une fédération réunisse des chambres syndicales diverses, car leur mission est de s'occuper également, des intérêts généraux du commerce et de l'industrie, qui sont les mêmes pour tous (1).

(1) « L'Industrie ouvre la porte de son temple aux travailleurs », telle est la devise du groupe Sainte-Chapelle.

Les intérêts particuliers sont discutés dans la chambre syndicale, laquelle peut ensuite, s'il y a lieu, invoquer l'appui de la collectivité.

En dehors des avantages moraux que présente cette association des syndicats, nous devons aussi appeler l'attention sur les avantages matériels qu'elle procure : de bonne heure les chambres syndicales ont senti le besoin de se grouper, afin d'atténuer les dépenses et de concentrer les divers services spéciaux. Les Unions se chargent non seulement de toutes les démarches auprès des administrations de l'État, des grandes compagnies, mais encore des recherches dans les bibliothèques et des renseignements de toute nature à recueillir. Groupant dans une même administration tous les syndicats particuliers, elles mettent à la disposition des chambres adhérentes les locaux nécessaires aux séances et assemblées générales, aux commissions d'études, d'expertise et d'arbitrage, envoient les convocations suivant les instructions données par les secrétaires, publient les procès-verbaux et les communications diverses dans un journal, tout en laissant chaque syndicat s'administrer et s'organiser, à son gré, pour ses règlements et ses travaux particuliers ; elles procurent enfin, au moyen de services spéciaux, gratuits ou rémunérés, toutes facilités au point de vue des assurances, de la comptabilité, du contentieux, des renseignements commerciaux. Un conseil supérieur d'administration (dit conseil d'administration du groupe), composé des présidents et des trésoriers, règle les dépenses, surveille les employés, examine les demandes d'admission de nouvelles chambres.

Ainsi, la puissance des Unions s'accroît sans cesse, en s'affirmant par des œuvres utiles ; elle est faite de l'ensemble de l'autorité de chacune des associations qui les composent, et les chambres syndicales adhérentes ne peuvent qu'y gagner en prestige.

Si, pour les unions de syndicats ouvriers, on peut craindre de voir se former une immense fédération de travailleurs, laquelle, grâce à ses moyens d'action, mettrait en péril l'ordre social, il n'y a pas de danger semblable à redouter pour les Unions de syndicats patronaux, qui ont, avant tout, pour but de synthétiser les idées émises des divers points du territoire, même de l'étranger, de recueillir les projets de réformes utiles, et par une active propagande, de travailler à leur réalisation, en établissant un courant de relations entre des éléments dispersés, faits pour s'entendre.

Aux approches de l'Exposition de 1900, certaines industries ont même cru bon de grouper tous les intérêts régionaux, en constituant un syndicat central, avec siège à Paris, lequel, en laissant à chaque syndicat son autonomie propre, avait pour but d'être, dans toutes les circonstances et auprès des pouvoirs publics, le représentant autorisé des industries fédérées. Enfin, l'attribution la plus importante de ce syndicat général consistait dans toutes les affaires litigieuses survenant en France, à grouper toutes les créances, à recueillir tous renseignements commerciaux sur la situation des débiteurs et à défendre les intérêts des créanciers, négligés trop souvent par suite du dérangement causé. Dans les régions ne possédant pas de syndicat, les adhérents ont trouvé, en plus, au syndicat central, les avantages que leur aurait procurés un syndicat régional.

Nous voyons donc que les Unions de syndicats centralisent tous les efforts isolés, consacrent l'entente commune des représentants libres et autorisés du commerce et de l'industrie, et résument les revendications, pour les transmettre aux ministres compétents. Comme ces unions ont, en général, à leur tête des membres du Parlement, elles sont bien placées pour exposer aux Chambres et au Gouvernement leurs desiderata. Elles n'ont, d'ailleurs, jamais cessé de rechercher les moyens propres à accroître les débouchés, de demander la réduction des charges qui pèsent sur le commerce et l'industrie, la réforme de notre système d'impôts, la protection de la prospérité industrielle. Et il faut bien reconnaître que leurs vœux ont une valeur appréciée par les pouvoirs publics. Tous les projets de loi qui, de quelque façon, touchent à des intérêts professionnels généraux sont, de leur part, l'objet d'une étude approfondie ; souvent même les propositions de loi émanent de leur propre initiative.

Personne ne conteste que les plus importantes des

expositions internationales n'aient été organisées sous les auspices et par les soins des Unions de syndicats patronaux (1). Ceux ci ont pris une part prépondérante à l'exposition de Paris, en 1867, à celles de Vienne en 1873, de Philadelphie en 1876 ; c'est grâce à l'Union Nationale que la France put figurer à l'exposition de

(1) Lettre adressée aux présidents de toutes les Chambres syndicales pour solliciter leur concours à l'exposition internationale de Lille (mai 1902).

Lille, 13 mars 1902.

Monsieur le Président,

L'exposition internationale qui s'ouvrira à Lille, au mois de mai prochain, constitue, par son importance et sa situation, une manifestation qui attirera toutes les laborieuses populations du Nord de la France, et sans conteste nos concitoyens des départements éloignés et nombre d'étrangers.

L'extension donnée à nos industries régionales et le désir bien naturel de les mettre en valeur entraînent à des espérances qui se réaliseront d'autant mieux que d'autres industries françaises viendront, en grand nombre, y manifester leur grandeur à côté des expositions étrangères.

Le comité technique de l'exposition, dont la mission, absolument désintéressée, est de veiller aux intérêts des exposants, vient donc vous prier de convier vos concitoyens à cette manifestation dans laquelle ils trouveront la source de relations nouvelles et fructueuses.

Nous avons le ferme espoir, M. le Président, que *vous voudrez bien nous donner l'appui de votre haute autorité et nous aider à assurer la réussite d'une œuvre française utile*, et qui, nous en commes convaincus, sera féconde pour tous.

Le Président du Comité technique,
A. DUJARDIN,
Président du Syndicat des constructeurs de presses
mécaniques de Lille et des environs,
Membre de la Chambre de commerce de Lille.

Melbourne, malgré les efforts infructueux tentés par le
Gouvernement auprès des chambres de commerce ; le
groupement était déjà si puissant qu'un mois suffit pour
assurer le succès de la délégation française. Au sein
des comités d'admission, lors des expositions de 1889 et
de 1900, les chambres syndicales ont fait preuve de qualités d'initiative remarquables : dans le jury international, l'expérience et l'impartialité de leurs membres ont
été reconnues hautement.

En 1900, leur collaboration (2), éclairée, autant que désintéressée, a contribué, puissamment, au recrutement
des exposants et au succès, incontesté, des sections
françaises. Jamais les produits de notre industrie
n'ont mieux montré la supériorité de notre fabrication,
le goût inné de nos ouvriers ; jamais non plus, ces
produits n'avaient été présentés dans un cadre plus
élégant.

Les syndicaux exposants ont été, partout, au premier
rang des lauréats, et les récompenses nationales sont
venues, en grand nombre, reconnaitre leurs mérites.
Pour faciliter particulièrement à leurs adhérents la
participation aux expositions, les Unions des syndicats
ont même institué un service spécial, lequel se charge
à forfait, de tout ou partie des frais, formalités et dé-

---

(2) Les membres organisent fréquemment, sous le patronage de la
Chambre syndicale des expositions collectives, lesquelles tout en
constituant une faible dépense pour chacun sont d'autant plus
belles que les adhérents sont plus nombreux, et ne peuvent être que
du meilleur effet pour grouper de nouveaux confrères.

marches qui incombent aux exposants, indique, par la
voie du journal, les Expositions ayant un caractère
sérieux et présentant un intérêt commercial suffisant,
fournit, par correspondance, tous les renseignements.

Vu le grand nombre de patrons adhérents, l'Union
peut prétendre, à bon droit, représenter le commerce et
l'industrie tout entiers, puisque ses revendications
seront toujours examinées dans des séances plénières.
Du reste, si le groupe fait connaître son avis, lequel
aura une valeur incontestable, il est souvent nécessaire
que chacun des syndicats exprime aussi son opinion
propre ; il ne faut pas que les syndicats se retranchent
toujours derrière l'avis de l'Union ; et ils doivent faire
connaître leur opinion, même si elle est conforme.

Dans le but de faciliter les travaux, il a été créé, au
Comité central des chambres syndicales, comme dans
les principales Unions, de nombreuses commissions per-
manentes s'occupant, à tour de rôle, des questions suivantes :

a) Finances (contributions directes et indirectes,
octrois, douanes, banques) ; b) Transports (postes, télégraphes, téléphones ; chemins de fer, navigation) ;
c) Transactions (exportation et importation, traités et
conventions, consulats, expositions) ; d) Législation
(tribunaux de commerce, prud'hommes, expertises et
arbitrages, marques de fabrique) ; e) Economie industrielle (apprentissage, écoles professionnelles, assurances et institutions de prévoyance). Les cinq sections

formées dans le sein du Congrès des chambres syndicales en 1900 avaient respectivement des objets analogues. C'est, d'ailleurs, la division rationnelle permettant d'étudier tout ce qui intéresse le monde syndical.

Enfin, les syndicats réunis peuvent, mieux qu'un syndicat isolé, atteindre les buts utilitaires que la loi de 1884 a voulu favoriser dans son article 6; les bureaux de renseignements, les services divers de contentieux sont mieux organisés par le groupe syndical qu'ils ne le seraient par un syndicat particulier.

CHAPITRE III

FÉDÉRATION DES UNIONS. — CONGRÈS

Les Unions de syndicats patronaux ne restent pas étrangères les unes aux autres (1). « J'ai toujours été, disait M. Muzet, président du Syndicat général du commerce et de l'industrie, partisan de l'union entre toutes les chambres syndicales. Nous nous sommes réunis en un certain nombre de groupes qui s'augmentent même tous les jours, parce que l'idée syndicale se développe constamment ; nous sommes réunis suivant

(1) Circulaire adressée par le Président du groupe des Chambres syndicales de l'Industrie et du Bâtiment aux Présidents des autres Unions.

« Paris, le 18 mai 1901.

« Monsieur le Président.

« Nous avons l'honneur de vous adresser une étude de la loi sur les Conseils de prud'hommes votée par la Chambre des députés le 15 février 1901.

« Cette loi, qui étend d'une manière extraordinaire et *abusive* les attributions d'une juridiction *essentiellement exceptionnelle*, nous paraît devoir subir de profondes modifications.

« Nous serions heureux, Monsieur le Président, *de connaître l'opinion de votre Compagnie.*

« Veuillez agréer, Monsieur le Président, l'assurance de nos sentiments les plus distingués.

« Le Président,
« FRÉDÉRIC BERTRAND ».

nos affinités, suivant nos professions. Mais, lorsque l'intérêt général du commerce et de l'industrie est en jeu, nous nous trouvons forcément tous réunis. » Même en dehors des cas exceptionnels où ces unions se solidarisent, en vue de l'action commune (on a pu envoir un exemple récent lors de la création des conseils du travail, contre lesquels elles ont protesté avec énergie (1), des congrès périodiques), groupent pour un moment du moins toutes ces forces en un immense faisceau, destiné à constituer un organe imposant, écouté des autres puissances qui légifèrent, qui administrent et qui gouvernent. Les vœux ayant une relation directe avec l'intérêt général de l'industrie nationale, ne peuvent que gagner à recevoir, après examen, l'appui du congrès de toutes les chambres syndicales de France. Il y a place, assurément, pour des congrès internationaux (1) où les questions traitées, les vœux émis ont alors un caractère international, mais les plus intéressants

(1) La lettre collective adressée au Président du Conseil était signée par les présidents de 9 unions patronales sur 12 existantes à Paris, comprenant environ 400 syndicats sur 450 existants, et 45.000 industriels en sociétés syndiquées sur 50.000.

(2) Congrès international de réglementation douanière, tenu du 30 juillet au 4 août 1900.

1° *Certificats d'origine.*

Dans les pays où les marchandises sont soumises à des droits d'entrée différents, selon leur pays d'origine, le commerçant produit, à l'appui de sa déclaration, un certificat d'origine. Cette production est obligatoire, mais la pièce peut être récusée par le service des douanes ; il est donc à désirer que l'on puisse établir et faire délivrer des titres justificatifs ayant force probante.

Le Congrès a émis le vœu que les Chambres de commerce soient

sont les congrès nationaux, puisqu'il s'agit d'indiquer au législateur, aux pouvoirs publics, aux grandes admi·nistrations, les mesures qui paraissent utiles pour sauvegarder l'industrie et le commerce français.

L'origine des congrès spéciaux remonte à l'année 1886. Depuis cette époque, une délégation permanente est chargée, non seulement d'organiser les congrès, mais de poursuivre par tous les moyens la réalisation des vœux émis après les avoir fait connaître et ap-

admises à délivrer de tels titres, et qu'en outre, le visa consulaire soit donné gratuitement.

2° *Facture consulaire.*

Le Congrès a émis le vœu que la facture consulaire soit supprimée, étant donné que les minuties de cette formalité ne sont pas en rapport avec les garanties qu'elle peut donner à l'administration des douanes. Elle pourrait être remplacée par une déclaration de l'importateur qui serait vérifiée par expertise et dont la sanction serait la préemption.

3° *Marchandises en retour.*

Le Congrès a émis le vœu que les marchandises importées et retournées à l'envoyeur sans avoir été mises en consommation, bénéficient du remboursement des droits qu'elles ont dû acquitter à l'entrée, et que les marchandises en retour puissent rentrer sans acquitter une seconde fois les droits. quelque soit leur pays d'origine.

4° *Renseignements douaniers.*

Le Congrès a émis le vœu qu'il soit donné aux documents du bureau international de Bruxelles la plus grande publicité possible, et que les Chambres de commerce puissent souscrire des abonnements à cette publication, de manière à pouvoir transmettre les renseignements aux Chambres syndicales.

L'importance de ce Congrès international de réglementation douanière est d'autant plus grande, au point de vue des relations commerciales entre les diverses nations, que les chefs de services des différentes administrations douanières étaient présents et qu'ils faisaient partie de la commission qui a élaboré les vœux.

prouver, dans la mesure la plus large possible, par ceux de qui dépend cette réalisation ; en 1896, le quatrième congrès se préoccupa beaucoup de la question si intéressante des octrois ; mais la difficulté n'est pas de supprimer les taxes : s'il ne s'agissait pas de les remplacer, une solution conforme à l'attente de tous eût été vite trouvée ; malheureusement, les taxes de remplacement apparaissent, dans un grand nombre de localités, comme un remède pire que le mal ; et, après avoir demandé des suppressions, bien des villes ont sollicité des prorogations.

Le quatrième congrès avait aussi réclamé l'établissement d'un chemin de fer métropolitain à Paris, avec le moins possible de parcours souterrain. Sauf cette dernière mesure, satisfaction a été donnée.

En ce qui touche les postes, le tarif du transport de l'argent a été considérablement réduit, suivant les vœux émis ; de même pour l'envoi des lettres d'avis des compagnies de chemins de fer.

Le congrès avait demandé et a obtenu la suppression du droit imposé par l'administration des téléphones pour l'inscription à l'annuaire des abonnés par profession.

La translation de la gare d'Orléans au quai d'Orsay, préconisée dans les séances, est aujourd'hui un fait accompli.

Le plus important de tous les congrès des chambres syndicales de France et des chambres de commerce françaises à l'étranger a été, de l'aveu unanime, le cinquième, tenu en 1900, à la veille de la grande manifestation industrielle de l'Exposition.

Il s'est ouvert le lundi 17 septembre, au Conservatoire national des arts et métiers, sous la présidence de M. Alexis Muzet, député de Paris, président du Syndicat général du commerce et de l'industrie. 420 délégués étaient présents, représentant les chambres syndicales de Paris et des principales villes de France : Lyon, Marseille, Bordeaux, Troyes, Saint-Etienne, Dijon, Grenoble, Roubaix, Angers, Perpignan, etc., et les chambres françaises de commerce de Belgique, Italie, Espagne, Suisse, Portugal, Turquie, Canada, Brésil, République Argentine.

Cinq sections furent formées, comprenant chacune ue certain nombre des délégués inscrits, pour examiner spécialement les questions suivantes :

Première section : Finances, impôts. — Contributions directes et indirectes. Réforme des impôts. Patentes. Droits sur les boissons, alcools, etc. Octrois. Banques. Tarifs de douane. Droits spécifiques ; classification des objets soumis aux droits. Régime douanier des colonies. Bourses de commerce ou de marchandises. Marchés au comptant. Marchés à terme. Entrepôts. Docks. Magasins généraux. Banques. Régime monétaire au point de vue industriel et commercial.

Principaux vœux émis et adoptés : Que la loi du

23 août 1891, article 18, sur les timbres de quittance soit abrogée.

Qu'en attendant la suppression de la contribution des patentes frappant, par superposition, une seule catégorie de citoyens, la patente soit appliquée à tous ceux qui font acte de commerce ou d'industrie.

Que le droit proportionnel sur les locaux servant à l'habitation personnelle des patentés soit supprimé, ces locaux étant déjà frappés par la contribution mobilière.

Que le privilège des bouilleurs de cru soit supprimé d'une façon absolue.

Que la loi existante sur les magasins généraux soit rigoureusement observée, et que, par conséquent, les magasins généraux agréés par l'Etat ne puissent se livrer à aucun acte de commerce.

Deuxième section : Transports. — Des différents modes de transports et des améliorations qu'ils comportent. Rachat des chemins de fer. Systèmes de tarification. Transports des voyageurs et des marchandises. Tarifs spéciaux. Abonnements. Tarifs à prix réduits. Réduction pour les voyageurs de commerce et les échantillons. Colis postaux. Délais d'expédition et de livraison. Responsabilités. Avaries. Assurances. Marine marchande. Transport par canaux. Transports fluviaux. Postes, télégraphes, téléphones.

Principaux vœux émis et adoptés : Que pour l'application des tarifs les plus réduits, la voie la moins coûteuse, quoique la plus longue, soit obligatoire pour les compagnies de chemins de fer, même pour les marchandises circulant sur plusieurs réseaux.

Que les tarifs, dits de pénétration, soient établis dans un sens conforme aux intérêts de l'industrie française, et qu'en aucun cas les produits français ne puissent payer des taxes plus élevées que les produits étrangers parcourant les mêmes distances sur les mêmes rails.

Que l'Etat confie, par voie d'adjudication publique, à l'industrie privée, l'exécution des grands travaux qui ont pour but l'amélioration de nos moyens de transport et le perfectionnement de l'outillage national.

Que le tarif d'affranchissement des lettres et cartes postales soit abaissé : pour les lettres à 0 fr. 10, et pour les cartes à 0 fr. 05.

Troisième section : Exportation. Importation. — Mesures à prendre pour le développement du commerce français à l'intérieur, et pour l'expansion des produits de l'industrie française à l'étranger. Mise en valeur de notre domaine colonial, Chambres de commerce françaises à l'étranger. Traités de commerce. Expositions. Consulats.

Principaux vœux émis et adoptés. — Que les pouvoirs publics allouent de larges allocations à l'Office national du commerce extérieur.

Que des traités de commerce ou des conventions commerciales d'une certaine durée soient conclus avec les différents pays, afin d'assurer la stabilité des relations commerciales.

Que, dans toute ville de l'étranger où ne fonctionne pas une chambre de commerce française, soient désignés un ou plusieurs commerçants français, pour être nommés conseillers du commerce extérieur et suppléer le conseil dans les renseignements extérieurs.

Quatrième section : Législation industrielle et commerciale. — Tribunaux de commerce. — Arbitrages. — Expertises gratuites. — Conciliation en matière commerciale. — Faillites et liquidations judiciaires. — Chambres de commerce. — Conseils de prud'hommes. — Syndicats professionnels et unions de syndicats. — Propriété industrielle et commerciale. — Concurrence déloyale. — Législation française, étrangère et internationale.

Principaux vœux émis et adoptés. — Que le vote par correspondance soit adopté pour les élections consulaires.

Que les élections au tribunal de commerce aient lieu à la majorité absolue des suffrages exprimés, avec un seul tour de scrutin.

Que les affaires soient envoyées par les tribunaux de commerce à l'examen des chambres syndicales compétentes, et que l'article 429 du Code de procédure soit modifié en ce sens.

Que les syndicats professionnels soient tenus de déposer les noms de tous leurs membres.

Que la loi spécifie que les syndiqués, depuis cinq ans au moins, puissent rester dans le syndicat, alors même qu'ils auraient cessé d'exercer leur profession ; à condition, toutefois, qu'ils n'en exercent pas une nouvelle.

Cinquième section: Economie industrielle et commerciale. — Apprentissage. — Contrats. — Enseignement technique et professionnel. — Écoles industrielles et commerciales. — Réglementation du travail. — Relations avec les chambres syndicales d'employés et d'ouvriers. — Responsabilité pour les accidents du travail. — Assurances. — Institutions de prévoyance. — Participation. — Retraites. — Mutualité.

Principaux vœux émis et adoptés. — Que les syndicats patronaux s'organisent de manière à pouvoir faciliter et étendre les relations avec les syndicats ouvriers.

Que les chambres syndicales se préoccupent, de plus en plus, d'obtenir la fondation de cours professionnels d'apprentissage, dirigés et soutenus par elles, et permettant aux apprentis de se perfectionner et d'apprendre le côté technique supérieur du métier.

Que les chambres syndicales encouragent et développent le mouvement en faveur de la création de sociétés professionnelles de secours mutuels et de retraites au profit des ouvriers et employés de leurs corporations.

Que les titulaires de médailles du mérite industriel et commercial soient admis à participer, au même titre que les retraités de l'armée ou des administrations dans les emplois de l'État, des départements ou des communes.

Que la délégation permanente rassemble tous les documents pouvant former et éclairer les syndicats en matière de participation aux bénéfices, afin d'encourager et de développer ces institutions.

Ainsi, quatre cent trente délégués, soit en séance des cinq sections spéciales, soit en assemblée plénière, ont donné la mesure de leur compétence sur les questions multiples formant le programme du Congrès, n'hésitant pas à abandonner, pendant une semaine entière, leurs affaires et leurs intérêts pour venir apporter le concours de leur dévouement tout désintéressé. Cinq cents vœux, au moins, ont été adoptés en séance plénière du Congrès, le 21 septembre 1900, ce qui, en tenant compte de ceux qui ne l'ont pas été, porte à six ou sept cents, au moins, le nombre des vœux déposés et discutés. L'effort a donc été considérable, et les nombreux mémoires déposés sur le bureau forme un ensemble de véritables *cahiers du travail*. Toutefois, le rôle de la délégation permanente a été de bien mettre en vedette les réformes les plus urgentes, afin de pouvoir utilement et rapidement les faire aboutir ; car, à trop demander des pouvoirs publics — déjà tant sollicités — on risquerait fort de ne rien obtenir ; usant de leurs relations personnelles, de leurs fonctions respectives, de l'influence et de l'autorité qui s'attachent au mandat qu'ils avaient reçu, les membres de cette délégation permanente ont employé toute leur énergie pour arriver à obtenir les satisfactions réclamées.

On a pu, avec raison, comparer le Congrès de 1900

à un Parlement commercial, dont tous les membres,
ne s'attardant pas en discussions stériles, avaient à
cœur d'accomplir en conscience la mission de laquelle
ils étaient chargés par leurs électeurs respectifs, alors
qu'ils représentaient « des centaines d'institutions,
peut-être cent mille patentés, des collaborateurs par
millions et des affaires par milliards. »

CINQUIÈME PARTIE

ATTITUDE DES CHAMBRES SYNDICALES PATRONALES A L'ÉGARD DE CERTAINES QUESTIONS ACTUELLES.

Après avoir étudié l'organisation des chambres syndicales de patrons, il nous a paru intéressant de les montrer, pour ainsi dire, dans leur pleine activité. Or, comme il n'est pas de questions se rapportant au commerce et à l'industrie qu'elles n'aient étudiées, nous avons dû choisir, dans le nombre, celles qui semblent présenter un réel intérêt d'actualité. Ce sera, croyons-nous, la meilleure manière de faire saisir le rôle véritable des chambres syndicales, en indiquant brièvement de quel côté se portent leurs préférences.

CHAPITRE PREMIER

CONSEILS DU TRAVAIL

(Décrets des 17 septembre 1900 et 2 janvier 1901.)

Peu d'institutions ont soulevé autant de critiques passionnées : en même temps que l'union fédérale des ouvriers métallurgistes français dénonçait ces conseils « aux méfiances du prolétariat », les présidents des principales Unions syndicales de patrons après avoir rédigé une lettre de protestation au président du conseil (1)

(1)   Paris, le 30 juillet 1901.

Monsieur le Président du Conseil,

M. le Préfet de la Seine vient par un arrêté en date du 16 juillet, de fixer la date des élections aux Conseils du travail de Paris.

Nous vous demanderons la permission de vous rappeler, à ce sujet, que M. le sénateur Bérenger et plusieurs de ses collègues ont déposé, le 29 mars 1901, sur le bureau du Sénat, une proposition de loi portant création des Conseils du travail. Dans l'exposé des motifs, les honorables sénateurs contestaient à M. le ministre du Commerce et de l'Industrie le droit d'organiser ces Conseils par décret, et prétendaient que seul, le Parlement avait qualité et autorité pour le faire.

Sur un rapport favorable de sa commission d'initiative, le Sénat, dans sa séance du 18 juin 1901, a pris en considération la proposition de loi de M. Bérenger.

Dans ces conditions, M. le Président du Conseil, nous croyons devoir vous prévenir que les Unions des Chambres syndicales ci-

écrivaient au préfet de la Seine que (1), le Parlement n'ayant pas été consulté, et une mesure aussi grave étant d'ordre législatif, leurs adhérents s'abstiendraient de participer aux élections.

D'autre part, les représentants de quelques syndicats patronaux ont cru devoir écrire au président du Conseil une lettre de *contre-protestation*, dans laquelle affirmant l'utilité des conseils du travail ils estimaient que le devoir des chambres syndicales était de prendre part à l'élection : « 152 chambres syndicales patronales, représentant 30.000 patrons sur 50.000 syndiqués, ont déjà répondu à la circulaire du préfet de la Seine, disait M. Mascuraud ».

Mais M. Prévet, sénateur, président d'une des plus importantes Unions de syndicats patronaux, faisait valoir qu'on ne saurait tirer argument de ce fait que 152 réponses étaient arrivées au préfet de la Seine, en

dénommées, contestant la légalité des décrets en question, entendant réserver leur droit de déférer la validité des élections au Conseil d'Etat, guidées de plus par un sentiment de déférence vis-à-vis du Parlement, ont décidé qu'il n'y avait pas lieu de prendre part aux élections des Conseils du travail, dont la création n'avait pas été jusqu'à présent, réclamée par les intéressés.

Nos unions syndicales se croient d'autant plus fondées à observer cette attitude que ces élections sont faites en vertu de décrets dont le Sénat s'est réservé tout au moins, d'examiner la légalité.

Veuillez agréer.....

(Suivent 9 signatures de Présidents d'Unions).

(1) Le Préfet de la Seine avait adressé à toutes les Chambres syndicales du département une lettre leur demandant divers renseignements indispensables à la confection des listes électorales, et notamment le nombre de leurs membres.

vue des prochaines élections au Conseil du travail ;
car, la plupart des votants seraient des syndicats de
patrons commerçants, et non pas des syndicats d'indus·
triels : « Peut-on décemment établir un parallèle entre
le syndicat des eaux gazeuses et l'Union des industries
métallurgiques et minières qui englobe les chemins de
fer, les tramways, les forges, les houillères, le gaz,
l'électricité ? alors que le chiffre des usiniers de l'un se
chiffre par centaines de mille, et celui de l'autre à peine
par quelques centaines. »

Ainsi, les syndicats patronaux composés d'industriels,
paraissent nettement opposés au projet, dont le but est
d'opposer aux syndicats ouvriers, trop souvent agres-
sifs, une organisation mixte appelée à devenir l'intermédiaire autorisé et légal entre le capital et le travail (1).

En définitive, du côté patronal, sur 469 syndicats
représentant 5926 suffrages, et 56.896 patrons syndiqués, 92 syndicats ont pris part au vote : ils dispo-
saient de 2793 suffrages et représentaient 27.449 pa·
trons. Ces résultats peuvent donc être considérés
comme satisfaisants, surtout après la campagne menée
contre les conseils du travail, et après le dépôt, au
Sénat, du projet de loi Bérenger : les patrons ont voté,
bien qu'on leur ait déclaré illégale et nulle l'existence
des conseils du travail.

(1) A l'une des séances de la Chambre syndicale de l'Emballage
8 avril 1902), le Président rendait compte des deux séances du

On peut craindre toutefois que l'esprit anarchique, lequel, des deux côtés, — capital et travail — rend si difficile en France toute réorganisation sociale, ne vienne paralyser l'institution des conseils du travail : leur constitution et leur fonctionnement appellent, néanmoins, la plus sérieuse attention, car l'influence qu'ils peuvent exercer est considérable (1), et tout ce qui concerne la législation ouvrière doit être étudié avec le plus grand soin par les industriels, s'ils veulent assurer la défense de leurs intérêts. Appelés à trancher les différends dans les sections compétentes, les conseils du travail sont une émanation directe des syndicats professionnels, appelés à les composer.

troisième Conseil du travail, première section : « Ce Conseil qui par suite de l'abstention d'un grand nombre de syndicats patronaux et ouvriers aux élections, n'est composé que de six membres, dont un patron, qui fut nommé président dès la première séance par les cinq membres ouvriers, a émis le vœu que des élections complémentaires permettent de lui donner le nombre de représentants nécessaire à l'autorité qu'il doit avoir sur les décisions et conseils qui peuvent lui être demandés. »

La deuxième réunion du Conseil a été consacrée à une enquête sur les conditions de l'apprentissage industriel, un questionnaire du ministère du Commerce sollicitait les réponses des membres du Conseil.

(1) Dorénavant, ces conseils auront pour mission, entre autres, de donner leur avis, à la demande des intéressés ou du gouvernement sur toutes les questions du travail, de collaborer aux enquêtes réclamées par le Conseil supérieur du travail ou ordonnées par le ministre du Commerce, d'établir — pour les professions représentées et, autant que possible, à la suite d'accords entre les syndicats patronaux et ouvriers — un tableau constatant les taux des salaires et la durée des journées de travail, de présenter sur l'exécution des lois, décrets et arrêtés réglementant le travail, des rapports qui eront transmis au ministère du Commerce.

CHAPITRE II

CONSEILS DE PRUD'HOMMES

Cette grave question de la modification de la législation des prud'hommes a été traitée, à la Chambre des députés, avec une rapidité que rien ne faisait prévoir. Ce projet, pendant au Sénat, semblait en suspens, lorsque, tout à coup, au milieu de la discussion de la loi sur les associations, une indisposition de M. le président du Conseil vint arrêter les débats ; et c'est alors que le projet de loi parvint à se glisser, pour ainsi dire, dans les travaux parlementaires, sans qu'il ait été possible aux différents groupes syndicaux de pouvoir formuler leur opinion en temps utile.

Ces avis n'ont, d'ailleurs, guère été favorables, en ce qui concerne l'extension aux employés de commerce de la juridiction des prud'hommes : les chambres syndicales ont fait observer, que les différends entre employés de commerce et patrons sont des contestations d'ordre moral ou des griefs concernant l'organisation intérieure : il n'est donc pas besoin de connaissances techniques pour les juger ; or, les prud'hommes ont été institués exclusivement dans le but de trancher les litiges d'ordre technique. La majorité des chambres patronales désirerait voir confier au tribunal de commerce le soin d'élaborer un règlement, prenant pour base les usages établis, et qui servirait à faciliter le jugement des différends entre patrons et employés de commerce. L'assimilation aux patrons des contremaîtres et chefs d'atelier a fait, également, l'objet de sérieuses critiques ; comment admettre, en effet, que les contremaîtres, marchandeurs, tâcherons, qui bénéficient, comme les ouvriers, de la loi du 9 avril 1898 sur les accidents du travail, cessent d'être ouvriers pour devenir patrons, lorsqu'il s'agira d'organiser et d'élire les conseils de prud'hommes ? Et qui les jugera, eux, quand ils seront renvoyés devant cette juridiction ? Il faudrait alors créer un troisième ordre de conseillers prud'hommes ! Enfin, les groupes syndicaux n'ont pas admis la limitation du chiffre de la demande, car nombre d'affaires, ayant un caractère absolument technique, arrivent à dépasser, dans la demande, le chiffre qui pourrait être fixé, et il serait profondément regrettable que le tribunal de conciliation ne pût même pas être saisi d'une affaire que bien des fois, il arrangerait à l'amiable.

Questionnaire relatif aux modifications à apporter à la législation sur les Conseils de Prud'hommes

Réponses faites par l'Union du Commerce en gros des Vins et Spiritueux, la plupart conformes à celles de la Chambre de Commerce de Paris

Demandes	*Réponses.*
1° Y a-t-il lieu d'étendre la compétence actuelle des Conseils de prud'hommes à d'autres catégories de justiciables employés de commerce, ouvriers mineurs ? Dans l'affirmative y aurait-il lieu de constituer pour ces derniers des conseils distincts, ou suffirait-il d'établir des catégories spéciales dans les conseils existants ?	Les Conseils de prud'hommes ayant été institués pour juger les différends survenus à l'occasion de la production à une œuvre manuelle et technique, les employés de commerce ne nous semblent pas devoir être soumis à leur juridiction.
2° Dans les villes où existent plusieurs Conseils de prud'hommes conviendrait-il de les réunir en un seul tribunal divisé en sections distinctes mais soumises au point de vue de la direction générale et de la discipline intérieure à l'autorité d'un président ?	Il conviendrait à notre avis de les réunir en un seul tribunal divisé en sections distinctes soumises pour la direction générale à l'autorité d'un président.
3° Est-il nécessaire de modi-	Nous pensons qu'il n'est pas

fier les conditions d'âge, de domicile et de durée d'exercice de la profession pour l'éligibilité ?

4° Les directeurs, contremaîtres, chefs d'ateliers et d'une façon générale ceux qui placés entre le patron et l'ouvrier sont investis d'une partie de l'autorité du premier à l'égard du second, doivent-ils être rangés dans la catégorie des électeurs patrons ou des électeurs ouvriers ? Donner pour chacune de ces catégories la liste des personnes qui devraient y figurer.

5° L'électorat devrait-il être conféré aux femmes ?

6° En cas d'abstention collective aux élections, soit des patrons soit des ouvriers — d'élections de candidats notoirement inéligibles — de refus par les candidats élus par les patrons ou les ouvriers d'ac-

nécessaire de modifier les conditions actuelles.

Les directeurs étant au point de vue de l'atelier le réel patron doivent nommer les conseillers patrons.

Les contremaîtres chefs d'ateliers et ceux d'une manière générale placés entre le patron et l'ouvrier doivent être assimilés à des ouvriers et en conséquence nommer les conseillers ouvriers.

Les femmes patrons doivent être électeurs au Conseil des prud'hommes puisqu'elles sont déjà électeurs au Tribunal du commerce.

Les femmes ouvriers doivent être électeurs au Conseil des prud'hommes puisqu'une loi les autorise à toucher leurs salaires en dehors de la puissance maritale.

Nous ne sommes pas d'avis d'abroger la loi de 1884.

cepter le mandat, d'abstention systématique de leur part de siéger, convient-il de maintenir les dispositions de la loi du 10 décembre 1885 qui a décidé que le conseil fonctionne en dépit du mauvais vouloir d'un des éléments qui le composent, quelles que soient les qualités des membres régulièrement élus ou en exercice, pourvu que leur nombre soit au moins égal à la moitié du nombre total ? Faut-il au contraire abroger la loi de 1884 et décider que le conseil ne pourra juger que lorsqu'il y aura un nombre égal de patrons et d'ouvriers ?

7° Actuellement le bureau de jugement se compose, non compris le président ou le vice-président, d'un nombre égal de prud'hommes patrons et de prud'hommes ouvriers ; ce nombre étant au moins de deux patrons et de deux ouvriers, le tribunal comprend alternativement au minimum deux patrons et trois ouvriers ou deux ouvriers et trois patrons suivant que c'est le président ou le vice président qui préside.

On a proposé pour établir

Nous considérons que la composition actuelle du bureau de jugement est défectueuse, l'élément patron et l'élément ouvrier n'étant jamais également représentés. Il conviendrait de composer le bureau de deux conseillers patrons et d'un juge de paix président, sauf à modifier s'il est utile l'organisation disciplinaire du tribunal des prud'hommes.

l'équilibre entre les deux éléments de décider que le bureau de jugement comprendrait toujours un nombre égal de patrons et d'ouvriers, sauf en cas de partage, à soumettre l'affaire à d'autres juges du même tribunal, avec le même président, et en cas de nouveau partage à la renvoyer soit devant le Conseil des prud'hommes présidé par le juge de paix, soit devant le juge de paix seul.

Convient-il de maintenir le mode d'organisation actuel ou de le modifier dans le sens des propositions ci-dessus ?

8° Le président et le vice-président qui sont actuellement nommés pour un an, devraient-ils être investis d'un mandat d'une plus longue durée ?

Non, il vaut mieux laisser les choses en l'état.

9° Y a-t-il lieu de décider que les audiences du bureau de conciliation ne soient pas publiques ?

L'audience du bureau de conciliation ne doit pas être publique.

10° Le taux de la compétence en dernier ressort devrait-il être augmenté ?

Non, il ne devrait pas être augmenté.

11° D'après la loi du 25 mai 1838 quand une demande reconventionnelle exclusivement fondée sur la demande principale n'est susceptible d'être jugée

Nous pensons qu'il y a lieu de maintenir l'article 8 de la loi du 25 mai 1838.

qu'à charge d'appel, le juge de paix ne statue qu'en premier ressort sur la demande principale comme sur la demande reconventionnelle, bien que la demande principale soit dans les limites de la compétence du juge de paix en dernier ressort, et la sentence du juge de paix est par suite susceptible d'appel.

Les Tribunaux civil et de commerce au contraire prononcent en dernier ressort sur la demande reconventionnelle quel que soit le chiffre, lorsqu'elle est fondée sur la demande principale elle-même (loi du 11 avril 1838, art. 2 et 639 du Code de commerce).

Convient-il d'appliquer ce dernier système aux conseils de prud'hommes afin d'éviter de laisser le choix de l'ordre de la juridiction à la merci du défendeur qui jugerait à propos de faire une demande reconventionnelle ?

12° Y a-t-il lieu d'enlever aux Tribunaux de commerce l'appel des sentences des conseils de prud'hommes ? Dans l'affirmative quel devrait être le juge d'appel de ces décisions,

Nous pensons qu'il y a lieu de maintenir aux Tribunaux de commerce les appels des conseils de prud'hommes.

l'assemblée générale ou le Tribunal civil ?

13° Les prud'hommes doivent-ils être rétribués ? Si oui, faut-il leur allouer un traitement fixe ou une simple indemnité par séance ?

Les conseillers prud'hommes ouvriers doivent être rétribués, mais seulement par une indemnité par séance.

14° Y a-t-il lieu de remplacer pour l'installation des conseillers et pour la discipline des conseils l'intervention du préfet par celle de l'autorité judiciaire (Tribunal civil ou Cour d'appel ?) Convient-il de donner aux conseillers prud'hommes le titre de juges ?

Oui, il y a lieu de remplacer pour l'installation des conseillers et pour la discipline des conseils l'intervention du préfet par celle de l'autorité judiciaire. Non, il ne convient pas de donner aux conseillers prud'hommes le titre de juges.

15° Les parties doivent-elles être admises à se faire représenter devant les conseils de prud'hommes ? Si oui, dans quelles conditions ?

Oui, il y a lieu d'admettre les parties à se faire représenter devant les conseils de prud'hommes par un mandataire régulier.

16° Convient-il de donner aux Conseils de prud'hommes la dénomination de tribunal du travail ?

Non, il y a lieu de leur laisser leur dénomination actuelle.

17° Quelle juridiction doit connaître des contestations de la compétence des conseils de prud'hommes dans les circonscriptions où ces conseils n'existent pas ?

Le juge de paix.

La lettre suivante, à propos du questionnaire sur les modifications à apporter à la loi sur les conseils de

prud'hommes, soulève un point de droit qui mérite de
retenir l'attention :

« Mon cher Président,

« Vous m'avez prié de vous donner mon sentiment sur
certaine question qui touche les Conseils de Prud'hommes. Le voici en quelques mots :

« Il est, à mon sens, fort peu intéressant que la
femme soit électrice, et je pense que les femmes n'use-
raient pas plus de ce droit, qui pourrait leur être conféré sans inconvénient, qu'elles n'en usent pour l'élection des juges consulaires.

« Quant à leur éligibilité, je pense que les Conseils
de Prud'hommes peuvent attendre sans impatience
que les femmes puissent être magistrats, ce qui ne me
paraît pas devoir entrer de sitôt dans nos mœurs.

« Mais il y a une question intéressante, c'est celle-ci :
Une femme peut être demanderesse sans autorisation de
son mari, c'est-à-dire que l'ouvrière peut citer sa
patronne ou son patron devant le Conseil, mais la
patronne ne peut légalement être défenderesse sans
l'autorisation de son mari.

« Or, il arrive fréquemment que, dans le ménage, le
mari occupe un emploi quelconque au dehors tandis
que la femme exerce un commerce ou une industrie,
telle que : modiste, confectionneuse, couturière, etc.

En ce cas, la femme signe les traites, les acquits ; en un mot, fait tous les actes commerciaux.

« Mais quand, citée en son nom, elle se présente comme défenderesse devant le Conseil, on lui demande si elle est autorisée.

« Il y a là une anomalie qu'il serait aisé de faire disparaître, et cela simplifierait les opérations du Conseil et mettrait les juges à leur aise quand il s'agirait, non d'une conciliation, mais d'un jugement à rendre.

E. CARRÉ

« *Vice-Président de la Chambre syndicale
des Chemisiers, Conseiller prud'homme
(Tissus).* »

CHAPITRE III

RETRAITES OUVRIÈRES

Le patron, en général, craignant les charges résultant de la gérance des fonds pour servir à ses employés des pensions viagères, préfère s'adresser à la Caisse des retraites pour la vieillesse ; il n'engage pas, ainsi, sa responsabilité pécuniaire, et, s'il consent à ajouter à la cotisation ouvrière une subvention personnelle, il ne court pas, du moins, le risque d'être entraîné. Seuls les patrons collectifs, auxquels un personnel en général plus nombreux permet la répartition et le calcul exact des risques, ont assumé jusqu'ici la responsabilité des retraites de leurs ouvriers et employés.

Conformément à la décision prise par le Parlement, les Chambres de Commerce, les Chambres consultatives des Arts et Manufactures, les Chambres syndicales patronales et ouvrières ont été consultées sur la grave question des retraites pour la vieillesse.

Une circulaire ministérielle (1) a été adressée à 7.664 syndicats commerciaux, industriels et agricoles : 2.380 réponses sont parvenues à la commission d'assurance et de prévoyance sociales.

Toutes ces réponses ont été presque unanimes pour signaler les deux points suivants : nécessité de créer une retraite pour les vieux travailleurs ; dangers résultant de l'accumulation des capitaux et charges considérables entraînées par l'application de la loi. Beaucoup de chambres syndicales patronales ont pensé que ce serait porter atteinte à la prospérité des sociétés de secours mutuels, pour lesquelles elles sollicitent de nouveaux privilèges suffisants, à leurs dires, pour donner un nouvel essor à ces institutions libres ; d'autres ont critiqué le projet, comme favorable à une seule catégorie de travailleurs, alors que ses bienfaits devraient profiter à tous les travailleurs en général. Les réponses des syndicats ouvriers étaient presque unanimes, en repoussant le projet de loi.

(1)

<table>
<tr><td>MINISTÈRE
du
COMMERCE</td><td>Paris, le 9 juillet 1901.

Monsieur le Président,</td></tr>
</table>

J'ai l'honneur de vous communiquer, ci-inclus, le texte du projet de loi sur les retraites ouvrières soumis en ce moment aux délibérations de la Chambre.

Vous voudrez bien faire parvenir, avant le 20 septembre prochain, les observations qu'il vous paraîtrait utile de présenter sur ce projet.

Elles seront transmises, par mes soins, à la commission d'assurance et de prévoyance sociales de la Chambre.

A la suite de cette grande consultation, le projet a subi plusieurs transformations importantes, mais, malgré tout, les artisans, les femmes d'ouvriers restent exclus des principaux avantages, car, s'ils ont bien le droit d'opérer des versements facultatifs, pour se créer une retraite, ils ne toucheront que 3 pour 100 de leurs versements, alors que les dix millions de favorisés toucheront 5 pour 100 (dont la moitié assurée par le versement des patrons).

Aussi, les chambres syndicales estiment que, malgré ses améliorations, le projet de loi sur la caisse des retraites reste insuffisant, en tant qu'une partie seulement des Français est appelée à bénéficier de cette loi, et que la capitalisation prévue porterait un grave préjudice au commerce et à l'industrie.

Un projet préconisé par le syndicat général du commerce et de l'industrie demande la retraite de vieillesse pour tous les Français des deux sexes, en faisant participer tous les citoyens à la constitution du capital nécessaire, moitié sous forme de cotisation personnelle, moitié sous forme de centimes additionnels aux principales contributions ; car une vie de travail donne droit pour les vieillards, quels qu'ils soient, à un repos relatif, durant les dernières années. Ainsi, les retraites de vieillesse seraient constituées légalement et équitablement, par tous les Français, au profit de tous les Français. Cette idée se recommande, au moins dans ses

grandes lignes, et nous semble dictée par des considérations réellement humanitaires.

En résumé, les chambres syndicales ont exprimé l'opinion que le projet de loi appelait seulement une partie
des salariés à bénéficier de la retraite ; de plus, si le
fait de la retenue obligatoire pour l'ouvrier est injuste
et dangereux, la capitalisation et le versement, dans les
caisses de l'Etat, des prélèvements sur les salaires et
des contributions patronales constitueraient un danger
économique réel. Enfin, le vote de la loi aurait peut-être
pour effet de diminuer l'importance des sociétés de secours mutuels dont les services sont inappréciables, car
elles réunissent côte à côte l'ouvrier et le patron, en
permettant à ce dernier de faire profiter de son expérience une fondation dont les débuts sont parfois difficiles, et de l'aider de ses conseils, en même temps que
de son argent.

CHAPITRE IV

TRANSPORTS

Les chambres syndicales se sont préoccupées, à juste titre, des lourdes charges qui grèvent le commerce et l'industrie, par suite des tarifs élevés des compagnies de chemins de fer ; elles cherchent, depuis longtemps déjà, à obtenir des adoucissements à un régime préjudiciable au développement de notre exportation.

Malheureusement, les grandes compagnies (1), trop administratives, ne semblent pas comprendre qu'en améliorant leur matériel et leur organisation, en faisant quelques sacrifices, elles réaliseraient des profits importants par l'augmentation croissante de trafic ; et les justes réclamations ont rarement reçu les satisfactions que l'on serait en droit d'attendre.

Aussi, vient-il de se créer à Paris, à l'instigation et sous le patronage des plus grands industriels, une

(1) On a pu dire, avec quelque raison, qu'elles remplacent les grandes compagnies routières du xivᵉ siècle, qui rançonnaient les voyageurs et les transports.

société, la « Mutuelle-Transports » laquelle se charge,
moyennant une faible rétribution, de poursuivre les
détaxes de trop-perçu, comme aussi de discuter avec les
compagnies toutes les questions de tarif. Un congrès
« des intérêts du commerce et de l'industrie en matière
de chemins de fer » organisé par la « Mutuelle-Transports » a eu lieu les 21 et 22 mars 1902, en l'hôtel des
Agriculteurs de France (1); la séance d'ouverture a été

(1) Principaux vœux émis au Congrès des intérêts du commerce
et de l'industrie, organisé par la *Mutuelle transports* (21 et 22 mars
1902).

Délais de parcours G. V.

1. Que le délai de transport soit calculé par la voie la plus rapide
et non plus par la voie la plus courte ;

2. Que le délai de transmission soit réduit à une heure et demie;

3. Qu'il soit établi un horaire pour les trains de grande vitesse.

Délais de licraison.

1. Que les Compagnies usent d'une très large tolérance pour la
remise le même jour des colis lorsque la fermeture des gares coïn-
cidera à peu de temps près avec l'heure de la remise légale.

Colis postaux.

1. Le transport des petits colis dénommés « colis postaux » doit
être assimilé au transport de tous autres objets de messagerie, notamment en ce qui concerne :

1. Le délai de livraison ;

2. La responsabilité du transporteur, en cas de perte, d'avarie, de
retard ;

3. La compétence en cas de litige relatif à la perte, avarie, spoliation, retard dans la livraison ;

4. La direction administrative et le contrôle de ce service de
transport doivent être rattachés au ministère des Travaux publics.

Le Congrès émet en outre les vœux suivants :

1. Qu'il y a lieu de mettre à l'étude une organisation nouvelle du
transport des colis postaux, permettant d'en augmenter la dimension ;

2. Qu'il soit établi des feuilles postales collectives de trois, six ou

présidée par les Ministres des Travaux publics et du Commerce, qui ont considéré l'œuvre entreprise comme

dix colis de même poids, de façon à ne faire qu'une seule feuille d'expédition au lieu d'une par colis.

Carnets kilométriques.

Le Congrès émet les vœux suivants :

1. Que les cartes à demi-place soient délivrées moyennant le paiement préalable des prix suivants :

A) Cartes pour toutes classes :

Prix pour 3 mois, 75 francs au lieu de 130 francs.

Prix pour 6 mois, 135 francs au lieu de 210 francs.

Prix pour 1 an, 200 francs au lieu de 360 francs.

B) Cartes pour 2ᵉ et 3ᵉ classes :

Prix pour 3 mois, 55 francs au lieu de 95 francs.

Prix pour 6 mois, 100 francs au lieu de 160 francs.

Prix pour un an, 150 francs, au lieu de 270 francs.

C) Cartes pour 3ᵉ classe seulement :

Prix pour 3 mois, 35 francs au lieu de 65 francs.

Prix pour 6 mois, 65 francs au lieu de 105 francs.

Prix pour un an, 100 francs au lieu de 180 francs.

2. Que les cartes à demi-place délivrées aux commerçants pour leurs représentants pourront à une époque quelconque de leur période de validité être restituées aux Compagnies en échange d'une nouvelle carte délivrée à un autre titulaire. Dans ce cas, il sera perçu un droit de mutation de 10 francs et le temps restant à courir de la première carte sera imputé sur la nouvelle carte, dont le prix sera ainsi réduit proportionnellement ;

3. Que la clause des renonciations du tarif commun G. V. 101 soit supprimée ;

4. Qu'il soit établi des carnets de voyage kilométriques ;

5. Que les voyageurs possesseurs de cartes à demi-place en 1ʳᵉ classe puissent prendre tous les trains ;

6. Que les bagages des voyageurs de commerce voyagent à demi-tarif au-dessus de 30 kilos.

Billets d'aller et retour.

1. Que la délivrance des billets d'aller et retour ait lieu de toute gare à toute gare, à l'intérieur de tous les grands réseaux ainsi qu'entre réseaux voisins ;

un trait d'union entre le commerce et les pouvoirs publics (1). Lorsque paraissent à l'*Officiel*, les homologations, la « Mutuelle-Transports » fait les démarches nécessaires, non pour obtenir des modifications (car,

2. Que la faculté de prolonger de moitié à deux reprises la durée de validité du coupon de retour moyennant le paiement, pour chaque prolongation, d'un supplément égal à 10 0/0 du prix du billet, soit étendue à toutes les Compagnies;

3. Que la réduction applicable au prix des billets d'aller et retour soit, par rapport au prix des deux billets simples et pour toutes les classes, de 0 à 190 kilomètres, de 30 0/0; de 100 à 300 kilomètres, de 30 à 40 0/0, à raison de 1 0/0 par fraction de 20 kilomètres, avec un maximum de 40 0/0 ;

4. Que le voyageur muni d'un billet pour une destination puisse descendre en cours de route et reprendre un autre train pour finir son parcours ;

5. Que la durée des billets d'aller et retour soit la même sur toutes les lignes et sur toutes les Compagnies.

Cartes d'abonnement.

1. Qu'au cas où l'abonné déclare ne plus pouvoir utiliser sa carte, il ait droit au remboursement d'une partie de la somme versée ; ce remboursement serait proportionné à l'époque de la demande de remboursement ;

2. Que le bénéfice de la carte dite « d'ouvrier », carte d'abonnement à la semaine, soit étendu à tous les employés gagnant moins de 3.600 francs par an ;

(1) Voici la lettre de convocation adressée à tous les Présidents de Chambres syndicales :

Monsieur le Président,

Nous avons l'honneur de vous rappeler que le Congrès des intérêts du commerce et de l'industrie en matière de chemins de fer se tiendra les 21 et 22 avril, en l'hôtel des Agriculteurs de France, il sera inauguré par M. le ministre des Travaux publics assisté de M. le ministre du Commerce, les résolutions adoptées par les sections seront arrêtées définitivement dans la séance plénière du samedi 22 et présentées aux ministres compétents.

Nous croyons inutile d'insister sur l'intérêt considérable que pré-

élaborés et approuvés par le comité consultatif des chemins de fer, les tarifs sont définitivement fixés), mais pour retarder, autant qu'il est possible leur mise en vigueur, et en démontrer les inconvénients (3).

Un nouveau service de contrôle commercial vient d'être organisé au Ministère des Travaux publics, afin de mettre plus aisément les représentants du commerce et de l'industrie en rapport avec les agents du contrôle qui peuvent, ainsi, étudier à l'avance les questions qui seront soumises à leur examen.

Mais, lors de la réunion du 20 janvier 1902, à la Chambre de Commerce de Paris, M. Villain, directeur

sente ce Congrès pour le commerce tout entier, dont on semble à tort vouloir escompter l'indifférence. Nous faisons un puissant appel à votre initiative, Monsieur le Président, en vous priant de nous adresser votre adhésion personnelle et de bien vouloir déléguer un ou plusieurs membres de votre Chambre par chacune des sections.

Veuillez agréer, *Le Comité d'initiative.*

(3) A la séance de la Chambre syndicale de la Draperie, le 14 avril 1902, M. Meyer, directeur de la *Mutuelle Transports*, mandé par le Président pour fournir quelques explications, après avoir fait l'historique de la création de la société, en exposait ainsi le but et les moyens : « Jusqu'à présent, l'omnipotence des Compagnies de transport rendait illusoires aussi bien les instructions ministérielles que les réclamations des commerçants ; mais, actuellement, ces compagnies trouvant devant elles une société vigoureusement constituée et s'appuyant sur 200 syndicats et plus de 2.400 adhérents, ont été obligées de baisser pavillon et d'accorder aux réclamations de la société une satisfaction qu'elles n'accordèrent jamais aux commerçants agissant isolément. »

M. Meyer citait également quelques cas où il avait obtenu des Compagnies de chemins de fer des modifications intéressant le commerce en général et ajoutait qu'il pensait bientôt annoncer de nouvelles améliorations.

général, rappelait, en ce qui touche les demandes de réduction, que l'Etat n'a pas le droit de les proposer, et ne peut qu'homologuer ou repousser les propositions qui lui sont soumises, et prévenait, en outre, que seules avaient chance d'être adoptées, les réductions qui se trouveraient compensées par une augmentation de trafic, les ressources financières ne permettant pas d'homologuer de nouveaux prix, qui se traduiraient par des diminutions dans les recettes des compagnies, et augmenteraient ainsi le chiffre de la garantie à la charge de l'Etat.

a) COLIS POSTAUX

Les seules améliorations obtenues ont trait au service des colis postaux; mais encore, sont-elles bien insuffisantes (1). Afin de soulager le service des petits

(1) A M. le Président de la Chambre syndicale des corsets et fournitures :

« Monsieur le Président,

« Vous m'avez soumis le 22 février dernier (1902), un vœu de votre Chambre syndicale, tendant à l'élévation à 1 m. 50, au lieu de 0 m. 60, de la limite de dimension imposée aux colis postaux ne dépassant pas 5 kilogrammes, à destination de la Russie, de l'Espagne, de l'Italie, de l'Algérie et de la Tunisie, par analogie avec ce qui se passe dans les relations entre la France et l'Allemagne, l'Autriche, la Belgique, la Suisse, etc.

« J'ai l'honneur de vous faire connaître qu'en ce qui concerne la Russie, l'Espagne et l'Italie, mon Administration n'a pas les moyens de donner satisfaction au vœu que vous m'avez transmis. Ces pays, usant de la faculté qui leur est accordée par la Convention internationale de Washington, relative au service des colis postaux,

colis de messagerie grande vitesse, des conventions intervinrent entre l'Etat, représenté par le ministre des

ont fixé à 60 centimètres le maximum de dimension des colis postaux originaires ou à destination de leur territoire ; cette décision, dictée par les conditions dans lesquelles s'effectue le service dans les pays en question, s'impose nécessairement aux autres pays. Je ne puis, en conséquence, que former avec vous le vœu de voir bientôt la Russie, l'Espagne et l'Italie accorder, pour la dimension des colis postaux, les facilités consenties par les autres destinations de l'Europe continentale.

« D'autre part, au moment de la conclusion d'une convention pour l'échange entre la France, l'Algérie et la Tunisie, des colis de la série de 3 à 5 kilogrammes, les Compagnies de navigation ont réclamé le bénéfice de la disposition sus-indiquée du régime international, dans la crainte que l'absence de toute réserve ne créât pour elles des difficultés hors de proportion avec le tarif réduit des nouveaux colis. Il n'a été possible d'obtenir qu'une seule exception, en faveur des objets peu volumineux, tels que parapluies, cannes, plans ou cartes en rouleaux, qui peuvent atteindre une longueur de 1 mètre, pourvu que les colis ainsi formés aient une faible épaisseur et ne soient pas encombrants.

« Cette dernière faculté peut, dans une certaine mesure, donner satisfaction aux intérêts qui ont motivé le vœu de votre Chambre syndicale, en ce qui concerne les échanges avec l'Algérie et la Tunisie. Mais, dans les mêmes relations, mon administration a réussi à faire admettre, depuis la création des colis de 5 à 10 kilogrammes, une combinaison qui résoud la difficulté que vous m'avez exposée ; cette combinaison consiste à appliquer le tarif des colis de 5 à 10 kilogrammes aux colis postaux de 0 à 5 kilogrammes, dont la dimension atteint 1 m. 50 et le volume 55 décimètres cubes.

« Néanmoins, j'enterviens auprès des Compagnies de navigation intéressées, en vue de les amener à accepter pour les deux coupures de 0 à 5 kilogrammes, les mêmes limites de volume et de dimension que pour les colis de 5 à 10 kilogrammes, et je ne manquerai pas de vous informer du résultat de ces négociations.

« Agréez, Monsieur le Président, l'assurance de ma considération très distinguée.

Le Sous-secrétaire d'Etat des Postes
et des Télégraphes,

« Signé : MOUGEOT. »

Postes et Télégraphes, et les compagnies de chemins de fer, en novembre 1880, mars et avril 1881 (conventions consacrées par la loi du 3 mars 1881 et le décret du 19 avril 1881), pour la création du service des colis dits postaux de 0 à 3 kilos. Plus tard, devant l'accroissement considérable de ce mode de transport, et surtout à la demande générale des chambres syndicales de patrons, appuyées par les chambres de commerce, en vertu des lois des 12 avril 1892 et 17 juillet 1897, on rapporta les anciennes conventions et l'on en fit de nouvelles, pour donner l'extension réclamée. A l'ancien service des colis postaux, on ajouta celui de 3 à 5 kilos et de 5 à 10 kilos. Le colis postal, sert en dehors de ses multiples applications, à porter partout quantité d'articles de vêtement et de toilette, qui, avec les colis de nature bien différente, ceux de denrées alimentaires, par exemple, ont besoin d'être livrés rapidement et de façon très régulière. On pourrait donc croire que le premier soin de ceux qui élaborèrent les conventions des colis postaux fut, avant tout, d'assurer un prompt transport — mais, on s'inquiéta seulement d'établir des tarifs, en fixant les indemnités à allouer en cas de perte. Les compagnies, beaucoup plus habiles que l'Etat, quand il s'agit de négocier avec lui, ont bien accepté de transporter les colis postaux à un tarif déterminé, et dans le même délai que les colis de messagerie grande vitesse, mais l'Etat n'a prévu, de manière précise, aucune sanction à la convention, en cas de retard de livraison. Telle est la situation actuelle contre laquelle les intéressés protestent à bon droit. (Le *Bulletin des transports*, 1er décembre 1901, indique qu'il n'existe pas, dans les conventions et lois, de texte fixant les délais de transport des colis postaux.) Beaucoup de collectivités industrielles et commerciales se sont émues de cet état de choses et une active campagne commence pour réagir contre le mauvais vouloir persistant des compagnies.

On a beaucoup parlé d'une proposition de loi déférant aux juges de paix les réclamations en cas de perte, avarie, spoliation et retard dans la livraison des colis postaux ; mais il n'est guère possible d'atteindre les compagnies de ce côté, puisque la garantie d'intérêt les met à l'abri des déficits budgétaires. Si elles sont condamnées par le juge de paix, c'est l'Etat, en fin de compte, qui paiera. Les chambres syndicales voudraient trouver le moyen d'obliger les compagnies à payer de leur caisse les indemnités dues, par suite de négligences à elles imputables.

b) Ports francs

Une question actuelle, et qui préoccupe vivement l'industrie, le commerce et surtout la marine marchande, celle des ports francs, a été très étudiée dans les chambres syndicales, lesquelles, en général, tout en étant favorables à l'idée des ports francs, rejettent l'idée de la fabrication dans les zones franches, en manifestant la crainte qu'une concurrence à l'industrie nationale ne vienne s'y implanter.

Dans la séance du 14 mars 1900, le Syndicat général du Commerce et de l'Industrie s'est déclaré favorable à la création de zones franches dans les ports principaux du littoral français, et comme corollaire à ces nouvelles dispositions, émettait le vœu que le gouvernement facilitât le développement de l'usage des entrepôts fictifs et des admissions temporaires.

Une commission parlementaire, envoyée pour étudier, sur place, les ports francs de Hambourg, Brême et Copenhague, après avoir visité ces entrepôts et interrogé les industriels, a constaté les bienfaits procurés par cette création aux pays qui en disposent.

Comme exemple, on cite l'industrie des allumettes, jadis très florissante à Marseille, d'où il s'en exportait pour des millions, et qui, depuis l'interdiction de cette fabrication, a vu l'Italie bénéficier de l'interdit, et devenir le fournisseur des trois quarts du monde. C'est précisément avec des industries analogues à celles des allumettes que les chambres syndicales proposent l'utilisation de la zone franche, pour le plus grand profit des populations ouvrières et l'intérêt général du pays.

APPENDICE

1. EXAMEN DE QUELQUES MODIFICATIONS PROJETÉES A LA LOI DE 1884.

a) ADMISSION DES MEMBRES HONORAIRES DANS LES SYNDICATS

Au point de vue juridique, le syndicat ne peut comprendre de membres honoraires, ayant une part quelconque dans la délibération ; si c'était une personne qui s'engage seulement à fournir des fonds, il n'y aurait, alors, aucune difficulté. La jurisprudence de la Cour de Bordeaux (1) déniant à tout individu sorti, volontairement ou non, le droit de rester membre d'un syndicat, nous paraît fâcheuse ; et, malgré la tolérance de l'administration sur ce point, une disposition formelle devrait être insérée dans la loi, laquelle pourrait spécifier, d'ailleurs, que les syndiqués depuis cinq ans seraient admis dans le syndicat, alors même qu'ils auraient cessé d'exercer leur profession, à condition qu'ils n'en exercent pas une nouvelle. Cette question est très intéressante pour les syndicats patronaux, dont quelques-uns ont à leur

(1) Bordeaux — 27 décembre 1893 — Pandectes françaises, 1895, 2,97.

tête des personnes n'exerçant plus la profession : ce sont, souvent, des collaborateurs d'autant plus appréciés que, n'étant plus dans les affaires, ils consacrent une partie de leur temps aux intérêts généraux de la corporatio.., et apportent à leurs collègues le précieux concours de leur expérience. Il faudrait donc une plus grande facilité donn∙e à ceux qui veulent rester dans les syndicats à titre de membres honoraires.

Le projet Waldeck-Rousseau consacre le droit, pour ceux qui ont été membres du syndicat pendant 5 ans, de continuer à en faire partie, après avoir cessé l'exercice de leur profession.

b) Capacité des unions de syndicats d'acquérir des immeubles

Le droit d'acquérir des biens est un des attributs essentiels de la personnalité civile ; or les unions de syndicats constituent bien des personnes morales. Cependant, personnes morales privées, ces groupements n'ont pas la plénitude de la personnalité civile. Le projet gouvernemental de 1899 donne aux unions de syndicats la faculté de posséder les immeubles nécessaires à leurs réunions et cours professionnels jusqu'à des hospices et hôpitaux, ainsi que d'ester en justice ; cette disposition est excellente : et toutes les chambres syndicales l'ont acceptée avec empressement, car la loi de 1884 restreint dans des limites très étroites le droit

do propriété immobilière pour les syndicats, et no leur
facilite point, par conséquent, la formation d'un patrimoine corporatif imposant et stable qui puisse leur permettre la création de durables institutions. La faculté
d'acquérir devrait-elle être, toutefois, illimitée? Il est
certain que, lorsque les Unions posséderaient une partie de la fortune publique, cela changerait bien la façon
d'envisager nombre de problèmes sociaux : ce serait, à
n'en pas douter, une garantie de paix sociale et de développement de l'industrie. Malgré tout, l'Etat ne
devrait pas se désintéresser de la situation des biens de
mainmorte — aujourd'hui accrus considérablement —
qui pourraient s'accumuler dans les syndicats, comme
dans les autres associations.

c) Extension de capacité des syndicats au point de vue des actes de commerce

Il n'est pas exact de dire que l'article 6 du projet
Waldeck-Rousseau donne aux syndicats le droit de faire
le commerce ; il leur permet, seulement, de se former
en société commerciale, dans le but d'exploiter une entreprise, mais en se conformant aux conditions exigées
par les lois de 1867 et de 1893 ; ce sera une nouvelle société juxtaposée à l'association professionnelle. La législation des sociétés commerciales souffrirait, d'ailleurs, ici, quelques exceptions, puisque le syndicat
pourrait être propriétaire de la totalité des actions. Or,

à propos de cette faculté donnée au syndicat (alors que les syndiqués auraient le droit d'être administrateurs sans être individuellement porteurs de parts ou actionnaires), M. Dubujeaud, membre de la chambre de commerce de Paris, faisait remarquer « que c'est autoriser les spéculations hasardeuses et faire courir aux tiers de nouveaux risques, en supprimant les garanties données par la loi de 1867 ; car ceux-ci, en cas de recours à exercer, ne trouvent plus devant eux que des individualités sans surface. » De plus, si le syndicat propriétaire de la totalité des actions, désigne, comme il en a le droit, des mandataires qui seront administrateurs de la société commerciale sans en être eux-mêmes actionnaires, comment seront sauvegardés les intérêts commerciaux ? Enfin, le droit nouveau impliquant la formation d'une société commerciale distincte du syndicat et l'accomplissement des formalités, chaque membre, individuellement, a le droit de fonder une société, et point n'est besoin, pour cela, de faire partie d'un syndicat ; vouloir augmenter, sans limite, les attributions des syndicats, c'est leur donner la faculté de passer à l'offensive, et arriver au syndicat obligatoire : en présence des associations formidables qui ne manqueraient pas de se constituer, que deviendraient, en effet, les non-syndiqués ? Ils seraient écrasés ou détruits, et la liberté individuelle serait compromise.

On peut comprendre, pour les syndicats ouvriers, des préoccupations lucratives et commerciales, car il faut des aliments nombreux à leur activité, et l'exemple de l'Angleterre montre combien il est désirable qu'ils soient unis par un lien de mutualité et de coopération ; mais, en ce qui concerne les syndicats patronaux, la faculté à eux concédée, tendrait peut-être à l'accaparement : les aliments de première nécessité ne tarderaient pas à faire l'objet de spéculations effrénées, et les « trusts » américains montrent le danger des formidables coalitions entre capitalistes sans scrupules.

De telles spéculations ne manqueraient pas de rabaisser considérablement le rôle élevé des syndicats ; et la nécessité de réaliser des bénéfices leur ferait bien vite perdre de vue le but pour lequel ils ont été fondés, c'est-à-dire la défense des intérêts économiques, industriels et commerciaux. A l'objection prévue dans l'exposé des motifs, on répond que si le syndicat abandonne la défense des intérêts généraux, il voit surgir en face, un syndicat nouveau. Mais nous assisterions ainsi à l'émiettement des forces syndicales, par la multiplicité des associations dans une même profession ; et la différence des intérêts particuliers ferait vivre chaque association dans un état d'hostilité permanente, vis-à-vis de ses rivales.

Pour nous, la véritable raison d'être des syndicats consiste dans l'étude et la défense des intérêts généraux de la corporation ; c'est sur ce terrain qu'ils se sont placés, autrefois, pour réclamer le vote d'une loi consacrant leur existence, et leur autorité serait compromise, du jour où ils seraient transformés en sociétés commerciales. Le législateur de 1884, en présence des difficultés éprouvées par le commerce et l'industrie, pensait que des groupements d'intérêts identiques, ayant des attributions bien limitées, pourraient devenir, pour les patrons et les ouvriers, des auxiliaires puissants de défense ; il agissait sagement à notre avis, en ne leur accordant que la faculté de s'occuper de l'étude et de la défense des intérêts professionnels. Car les syndicats doivent autant que possible, realiser l'union, et les rivalités de toute sorte, suscitées par des associations transformées en sociétés de commerce, sèment infailliblement la discorde, là où l'harmonie et l'esprit de solidarité doivent régner constamment. En résumé, les syndicats patronaux doivent avoir une capacité limitée, qui ne s'étende à aucune entreprise positive et matérielle, en dehors des institutions ayant un caractère purement professionnel.

2. CONCLUSION

En étudiant l'organisation actuelle des syndicats patronaux, nous avons pu voir le parti qu'ont su tirer les patrons d'une institution, aujourd'hui reconnue par la loi, mais dont les bases étaient déjà solidement établies quand la consécration légale lui a été acquise.

Il est, toutefois, permis de se demander si ces groupements ne sont pas restés au-dessous de la tâche à eux assignée, et si leur champ d'action ne saurait être plus vaste, le complet développement des syndicats professionnels apparaissant comme la condition préalable de toute sérieuse réforme de notre législation du travail.

Lorsque M. Georges Paulet (1) compare les syndicats patronaux à ceux fondés par les ouvriers, il est frappé du peu de résultats obtenus, et conclut, nettement, à l'infériorité manifeste des chambres syndicales de patrons : « Sous le régime de tolérance antérieur à la loi du 21 mars 1884, les chambres syndicales de patrons avaient déjà pris une large extension ; elles s'étaient multipliées et groupées, devançant la constitution plus lente et plus timide des chambres syndicales ouvrières. La loi de 1884 brisant les entraves légales, on pouvait présumer que les patrons allaient, comme les ouvriers, préparer leurs moyens d'action convergente pour la sauvegarde des intérêts communs aux employeurs et aux employés d'une même industrie ; comme aussi leurs armes de discussion et de résistance pour les dissentiments et les luttes inévitables ». On doit reconnaître, en effet, que si, dans les réunions de chambres syndicales, on se préoccupe des intérêts de la corporation, c'est en faisant presque abstraction des ques-

____

(1) GEORGES PAULET, *Extrait du Progrès économique.* Paris, 1891.

tions ouvrières : « peu de syndicats de patrons ont été
créés en vue de la résistance aux revendications du
travail, et la plupart ne recherchent que des avantages
matériels pour leurs membres (1). »

Il est certain que discuter sur les lois actuelles, sur
les tarifs douaniers, afin de défendre les capitaux menacés ou de diminuer les charges qui grèvent l'exploita-
tation, constitue œuvre utile et intéressante ; mais, au
point de vue social, pour répondre aux menaces de
grève et lutter, à armes égales, contre les coalitions
ouvrières, ne serait-il pas nécessaire que les patrons
s'entendissent, au moyen de syndicats, pour user, par
exemple, de l'interdit et se concerter en vue d'une résistance commune ? « Les syndicats patronaux, dit, avec
quelque raison, encore M. Paulet, ne savent pas faire
les frais d'instances, qui, pécuniairement désavanta-
geuses, en raison de l'insolvabilité des défendeurs,
auraient, cependant, à la longue, un effet moral reten-
tissant ; ils n'estent pas en justice, armés de la force
d'une entente au grand jour, pour représenter les intérêts préalablement solidarisés. »

Les faits économiques ont profondément modifié les
conditions actuelles du marché, et les besoins de
l'industrie dans le sens d'une forte concentration ; il
n'est pas niable que le manque de cohésion soit cause,
en grande partie, du malaise dont souffre les industriels,

____

(1) Boissard, Le mouvement syndical en France depuis la loi du
21 mars 1884.

car la crainte de ne pouvoir exécuter les commandes importantes au jour dit, paralyse nombre de transactions, notamment avec les pays étrangers. La puissance des syndicats ouvriers ne trouvant aucun contre-poids dans une organisation patronale bien comprise, devient considérable et grandit aux dépens des intérêts nationaux. Seules les grandes compagnies, occupant un personnel nombreux, peuvent, actuellement, résister aux prétentions exagérées, parfois même imposer leurs conditions, tandis que les industriels isolés, affaiblis par la concurrence des confrères déloyaux, sont obligés de vendre au-dessous du prix de revient. En ce moment, les patrons se sont laissés distancer par les ouvriers, au point de vue de l'association ; pour consentir, vis-à-vis du syndicat de ses ouvriers le maximum des sacrifices, le chef d'entreprise a besoin de s'informer des conditions du travail chez ses concurrents, et l'entente pourrait être facilement appliquée aux questions de salaire, puisqu'elle existe déjà en vue d'éviter la surproduction.

« Ce n'est pas que l'on puisse contester, dit enfin, M. Georges Paulet, les services rendus à leurs industries, et, d'une manière plus générale, à l'industrie et au commerce français, par quelques chambres syndicales éclairées et agissantes, qui ont poussé leurs visées au-delà des réunions d'apparat, des distributions de compliments mutuels ou des préparations de banquets, et qui ont su trouver, dans des études sérieuses, l'occasion et la force d'interventions utiles auprès des pouvoirs publics. Mais ces résultats, trop rares, d'ailleurs, n'entrent pas en ligne de compte dans le bilan entre l'organisation patronale et l'organisation ouvrière. »

L'auteur de ces lignes exagère, évidemment, la prétendue absence de résultats de la loi de 1884, au point de vue des syndicats patronaux, et nous avons pu nous convaincre que ceux-ci avaient tous fait œuvre utile, fondé des unions prospères, et défendaient, avec énergie, les intérêts généraux de la profession. Leur rôle, dans la question des arbitrages et des élections consulaires, est prépondérant, et il serait injuste de méconnaître les services rendus aux adhérents, même à tous les patrons non syndiqués. Il faut aussi tenir compte de ce fait que, en dehors des intérêts généraux, chaque patron a des intérêts particuliers considérables, des capitaux engagés qu'il doit faire fructifier; comment dénier à tout producteur le droit de garder pour lui, ses modèles, ses nouveautés et ses secrets de fabrication (1)? Dès lors les discussions ne peuvent porter que sur des questions générales, intéressant chacun, sans avoir, cependant, de rapport direct avec la gestion particulière de telle ou telle entreprise; après avoir assisté aux délibérations, le patron revient à son usine, qu'il

---

(1) Aussi lorsque le chiffre de patrons dans une profession est petit, la proportion des syndiqués est grande, elle descend au contraire, lorsque croît le nombre des industries, tant l'entente est alors difficile.

gère suivant ses procédés ; et, s'il s'inquiète du prix de revient des concurrents, c'est pour tâcher de le diminuer en ce qui le concerne. La fixation d'un prix uniforme de vente d'un certain produit pourrait, même, être désastreux pour nombre de syndiqués, lesquels, ne vendant qu'une moindre quantité, ne seraient pas suffisamment rémunérés. L'entente ne saurait donc exister facilement, lorsqu'il suffit de la mauvaise volonté de quelques-uns pour faire échouer toutes les tentatives.

L'ouvrier, au contraire, trouve un terrain d'entente facile, puisque, dans n'importe quelle industrie, il n'a qu'un but : l'élévation du salaire journalier, ou la diminution des heures de travail, et peut se solidariser avec ses collègues sans avoir d'autres préoccupations. La grève tend à faire attribuer à tous la rémunération la plus élevée, en assurant les meilleures conditions de travail. Le travailleur a donc intérêt à se syndiquer, car une fédération puissante prendra en mains ses intérêts et lui assurera des indemnités en cas de chômage, souffrance la plus immédiate (moyennant un léger prélèvement sur tous, l'association peut parer au manque de salaire qui frappe quelques-uns).

L'usine ayant remplacé le petit atelier d'autrefois où existait une certaine égalité entre l'ouvrier et le patron, la discussion ne peut plus conduire à des conditions de travail normal : si l'on met en présence le patron ou la grande compagnie avec un de ses mille ouvriers, ce dernier ne peut être qu'une quantité négli-

géable et, s'il n'accepte pas les conditions, sa place sera
donnée immédiatement, les progrès du machinisme
ayant diminué le besoin de connaissances techniques
professionnelles. Ce que le patron refuserait, d'emblée,
à l'un, ou même à quelques-uns de ses ouvriers, sans
examiner la question au fond, parce que le départ de
l'un ou de quelques-uns ne le mettrait dans aucun em-
barras, il devra, en tout cas, le discuter, si la même
demande lui est adressée par une quote-part notable
de ceux qu'il emploie. Enfin vu l'insuffisance de la législation protectrice des travailleurs, le syndicat ouvrier
aura, seul, l'autorité nécessaire pour imposer le contrat
collectif. Par la force des choses, le syndicat ouvrier
devient donc presque obligatoire, tandis que la plupart
des patrons, — peu soucieux de leurs intérêts, il est
vrai — ne voient pas la nécessité de se grouper (ainsi
qu'en témoigne le trop petit nombre de syndiqués).

D'ailleurs, les syndicats ont surtout — nous le disions
plus haut — groupé les patrons de la catégorie moyenne,
les commerçants plutôt que les industriels. Il n'est donc
pas étonnant, que leur attention ne soit guère attirée
vers les questions ouvrières ; et, au point de vue des
résultats acquis, les syndicats patronaux ont défendu
avec un réel succès, les intérêts du commerce, étudiant
les créations de quelque importance, faisant des enquêtes
et des rapports documentés sur toutes les lois et tous
les projets de lois, éclairant leurs collègues et leurs
confrères. Dans les réunions, on a bien compris la né-

cessité de se préoccuper des besoins généraux, des moyens de production ; car, si l'individualisme a l'avantage de stimuler l'initiative et l'activité, la concurrence excessive amène l'instabilité des situations ; le syndicat est surtout nécessaire en ce qu'il oblige les artisans d'une même œuvre à consacrer à l'amélioration de leur travail et de leur production un temps plus ou moins long, mais toujours précieux.

D'autre part, on fait souvent observer que, depuis 1884, le nombre des syndicats patronaux n'a pas augmenté dans de notables proportions, eu égard, surtout, au développement considérable des syndicats ouvriers, depuis cette époque. Mais, il est facile de se rendre compte que, en 1884, les patrons n'avaient, pour ainsi dire, pas de syndicats à créer, puisque ceux-ci, existaient déjà, très prospères. Et, comme les chambres syndicales embrassent, à peu près, tous les commerces et toutes les industries de quelque importance, il n'y a rien d'étonnant à ce que de nouveaux syndicats ne se soient pas fondés à leurs côtés. C'est précisément à cette prépondérance, devenue presque une sorte de monopole, ainsi qu'à l'ancienneté de leur fondation, qu'il faut attribuer le peu d'empressement que mettent les chambres syndicales patronales à étudier de près les questions sociales et à s'organiser en vue d'une lutte raisonnée contre les agissements des syndicats ouvriers : leur ligne de conduite est à peu près la même, qu'avant la loi de 1884, et

elles sont loin d'approuver les tentatives récentes faites
pour faciliter le contrat collectif. Or, « ce n'est que par
une organisation syndicale méthodiquement consti‑
tuée que pourront fonctionner, d'une façon perma‑
nente et générale, la conciliation et l'arbitrage, la repré‑
sentation légale du travail, les assurances, etc. (1). »

On pourrait donc souhaiter que le mouvement syn‑
dical se développât encore davantage, chez nous, du
côté des patrons qui, en vue de leurs intérêts vérita‑
bles, doivent resserrer, encore, les liens qui les unissent
et profiter de leurs organisations déjà fortement cons‑
tituées, capables de rendre les plus grands services,
pour intervenir, avec avantage, dans le règlement du
contrat de travail ; il ne s'agit‑là que d'une orientation
nouvelle, et, lorsque les patrons en auront compris la
nécessité, ils verront augmenter leur influence et aussi
leur prestige, amoindri par quelques concurrents sans
scrupules qui n'hésitent pas à fixer des salaires insuf‑
fisants, pour abaisser leurs prix de main d'œuvre et
ruiner ceux des patrons auxquels répugne l'exploitation
de l'ouvrier. « Les chambres syndicales sont appelées,
par la force des choses et la nécessité de l'ordre, à être
les organisatrices du travail. Il n'est pas possible d'al‑
ler, plus longtemps, sans principes et sans discipline,
en présence du développement des marchés étran‑
gers (2). »

(1) Deschanel, *Revue politique et parlementaire*, 10 janvier 1897.
(2) Gauthier, *Les Industries du bâtiment en 1883.*

Les associations ne sont pas faites pour détruire l'activité individuelle, mais au contraire, pour la mettre en valeur. Nous pensons que c'est à l'aide du groupement syndical que se concilieront ces deux tendances, en antagonisme dans toutes les formes de l'activité humaine : l'activité individuelle et l'activité sociale.

« L'effort individuel qui obéit aux nécessités de l'heure présente, trouve instinctivement son appui ; sa sphère d'action est limitée, son équilibre instable ; mais l'effort collectif demande plus de méthode, une cohésion plus parfaite des éléments d'action, un faisceau de forces tendant vers un même but. »

Seul un syndicat peut grouper et discipliner assez de forces, peut s'élever assez haut en dehors et au-dessus des intérêts individuels pour prendre conscience des intérêts collectifs et en assurer la réalisation.

Le syndicat professionnel jouera, dans l'évolution économique qui s'accomplit, un rôle prépondérant : c'est un organisme tout préparé qui ne demande qu'à grandir et à se développer, et la place qu'il occupe dans nos sociétés démontre qu'il répondait à un véritable besoin.

Le législateur cherche, maintenant, à généraliser les institutions de conciliation ; son but est de mettre en présence ouvriers et patrons, pour faciliter la conclusion du contrat collectif, puisque si la loi de 1884 reconnaît et assure l'existence des syndicats de patrons et d'ouvriers, elle ne conseille nulle part, n'encourage par aucun avantage le rapprochement des divers éléments de la profession, d'autant plus désirable que l'effervescence et l'esprit combatif de nombre de syndicats ouvriers sont dus souvent, comme le fait remarquer M. Boissard, à ce que les patrons, en mettant à l'index et en signalant à l'abstention de leur personnel le plus dévoué, ces groupements qu'ils considéraient comme insurrectionnels, en ont écarté les éléments sérieux ; cette force nouvelle fut alors accaparée par les meneurs dangereux : beaucoup [de syndicats ouvriers sont ainsi devenus de véritables fédérations politiques.

Signalons, enfin, une grande lacune dans l'organisation commerciale et industrielle : l'organisation des banques françaises ne répond plus, maintenant, à nos besoins. Sentant mieux leur force, nous estimons que les syndicats patronaux pourraient organiser une vaste banque, mise au service des libres initiatives. C'était le vœu exprimé par un ministre du Commerce, M. Henry Boucher, et il est certain qu'une création de ce genre ferait le plus grand honneur aux chambres syndicales.

RENSEIGNEMENTS STATISTIQUES

Le développement des syndicats patronaux, s'il a été moins rapide que celui des syndicats ouvriers, a néanmoins suivi une marche ascendante depuis 1884, comme en témoignent les chiffres suivants, extraits de l'*Annuaire des Syndicats professionnels*, publié par le Ministère du Commerce (année 1901, paru en juillet 1901, donnant les renseignements pour 1900.)

A) **Mouvement des Syndicats patronaux constitués en exécution de la loi du 21 mars 1884.** (Au 1" juillet de chaque année jusqu'en 1896 inclusivement et au 31 décembre à partir de 1897.)

Années	Syndicats patronaux industriels et commerciaux	Nombre d'adhérents
1884	101	
1885	285	
1886	350	
1887	598	
1888	859	
1889	877	—
1890	1.004	93.411
1891	1.127	100.157
1892	1.212	102.540
1893	1.307	114.176
1894	1.518	121.014
1895	1.622	131.031

1896	1.731	141.877
1897	1.894	189.514
1898	1.965	151.624
1899	2.157	158.500
1900	2.382	170.030

B) Mouvement des Unions de syndicats professionnels patronaux, de 1884 à 1900.

En	1884	10
	1885	12
	1886	13
	1887	16
	1888	17
Au 1er juillet	1889	18
—	1890	22
—	1891	22
—	1892	24
—	1893	29
—	1894	29
—	1895	38
—	1896	43
Au 31 décembre	1897	46
—	1898	49
—	1899	54
—	1900	59

C) Effectif des Unions de syndicats.

	Nombre de Syndicats patronaux unis	Nombre de membres des Unions
1898	915	96.584
1899	927	105.557
1900	1.047	136.700

Nomenclature des Unions de syndicats patronaux existant en 1900.

1°) *Unions de syndicats patronaux de professions diverses
à Paris.*

Paris. 1) *Comité central des Chambres syndicales* (1867),
44, rue de Rennes.

49 chambres syndicales adhérentes, comprenant un total de
8.693 membres.

Bibliothèque et bulletin mensuel.

2) *Alliance syndicale du commerce et de l'industrie* (1889),
10 rue de Lancry.

76 chambres syndicales adhérentes, — comprenant un total
de 8.523 membres, —

  (dont 3 à Bordeaux,

    3 à Dijon,

    1 à Lille,

    1 à Lorient,

    1 à Lyon.)

Annuaire, bulletin mensuel.

3) *Syndicat général du commerce et de l'industrie* (1866),
8, rue des Pyramides. (Statuts votés le 18 février 1866, revisés
les 7 avril 1875, 4 mars 1877, 21 mars 1880, 28 septembre 1882,
26 mars 1884 et 17 mars 1897.)

91 chambres syndicales adhérentes, comprenant un total de
9.014 membres.

Annuaire, bulletin bimensuel.

4) *Groupe des Chambres syndicales de la ville de Paris et
du département de la Seine (Industrie et Bâtiment),* 1850),
3, rue de Lutèce.

30 chambres adhérentes, comprenant un total de 3.895 membres.

Cours professionnels, Patronage industriel d'apprentis,

Bulletin bimensuel, Office de placement, Bibliothèque, Caisse commune de l'industrie et du bâtiment, Syndicat général de garantie des bâtiments et des travaux publics.

2°) *Unions de syndicats patronaux de professions diverses en province.*

Aube. — *Fédération syndicale de l'Aube* (1900).
6 chambres synd. adhérentes ; total de 410 membres.
Bouches-du-Rhone, Aix. — *Fédération des syndicats aixois* (1897).
2 chambres synd. adhérentes ; total de 105 membres.
Marseille. — *Fédération des syndicats patronaux* du commerce, de l'alimentation, de l'agriculture et de l'industrie de la commune de Marseille (1899).
10 chambres syndicales adhérentes ; total de 1.371 membres.
Cote-d'Or, Dijon. — *Union des chambres syndicales* du commerce et de l'industrie de la Côte-d'Or (1890).
15 chambres syndicales adhérentes ; total de 992 membres.
Haute-Garonne, Toulouse. — *Union des entrepreneurs de bâtiment* de Toulouse et de la région (1899).
9 syndicats adhérents ; total de 273 membres.
Syndicat général du commerce et de l'industrie de Toulouse et du Sud-Ouest (1895).
12 chambres synd. adhérentes ; total de 295 membres.
Gironde, Bordeaux. — *Syndicat général du bâtiment de la ville de Bordeaux* et du département de la Gironde (1884).
8 chambres syndicales adhérentes ; total de 579 membres.
Bibliothèque. Caisse d'assurances mutuelles en cas d'accidents.
Union générale des syndicats girondins (1885).
19 chambres syndicales adhérentes ; total de 1.169 membres.

Cours d'économie industrielle. Bibliothèque.

Indre-et-Loire, Tours. — *Office des travailleurs* (1897)
4 chambres synd. adhérentes ; total de 121 membres.
Bureau de placement.

Loire, Montbrison. — *Union des chambres syndicales* de Montbrison et de l'arrondissement (1900).

3 chambres syndicales adhérentes ; total de 104 membres.

Saint-Étienne. — *Union des chambres syndicales de Saint-Étienne* (1896).

22 chambres syndicales adhérentes ; total de 1.187 membres

Loire-Inférieure, Nantes. — *Union des syndicats du commerce et de l'industrie* (1886).

22 chambres syndicales adhérentes ; total de 1.100 membres.

Bibliothèque

Loiret, Orléans. — *Union des syndicats du commerce et de l'industrie du Loiret* (1890).

12 chambres syndicales adhérentes ; total de 636 membres.
Bulletin mensuel.

Marne, Reims. — *Union des chambres syndicales de Reims* et de la région (1888).

5 chambres syndicales adhérentes ; total de 474 membres.

Syndicat général du commerce de Reims et de la région (1899).

7 syndicats adhérents ; total de 516 membres.

Rhône, Lyon. — *Union des chambres syndicales lyonnaises* (1885).

20 chambres syndicales adhérentes ; total de 3.441 membres.

Bibliothèque.

Alliance des chambres syndicales patronales de la ville de Lyon (1890).

20 chambres syndicales adhérentes ; total de 1.682 membres.
Bibliothèque, bulletin mensuel.

SEINE-INFÉRIEURE, le Havre. — *Syndicat général du commerce et de l'industrie du Havre* (1882).

11 chambres syndicales adhérentes; total de 916 membres.

Rouen. — *Union des syndicats professionnels rouennais* (1895).

12 chambres syndicales adhérentes; total de 914 membres.

ALGÉRIE, Alger. — *Union des syndicats des négociants d'Alger* (1898).

4 chambres syndicales adhérentes ; total de 102 membres.

Statistique générale des syndicats patronaux en 1900.

Ain	8	Côte-d'Or	31
Aisne	36	Côtes-du-Nord	10
Allier	33	Creuse	3
Alpes (Basses-)	»	Dordogne	4
Alpes (Hautes-)	4	Doubs	20
Alpes-Maritimes	26	Drôme	21
Ardèche	6	Eure	12
Ardennes	10	Eure-et-Loir	15
Ariège	5	Finistère	20
Aube	17	Gard	18
Aude	12	Garonne (Haute-)	46
Aveyron	5	Gers	4
Bouches-du-Rhône	105	Gironde	95
Calvados	22	Hérault	24
Cantal	6	Ille-et-Vilaine	17
Charente	14	Indre	8
Charente-Inférieure	21	Indre-et-Loire	20
Cher	22	Isère	51
Corrèze	9	Jura	8
Corse	2	Landes	4

Loir-et-Cher	10	Rhône	103
Loire	54	Saône (Haute-)	7
Loire (Haute-)	9	Saône-et-Loire	15
Loire-Inférieure	57	Sarthe	15
Loiret	26	Savoie	16
Lot	2	Savoie (Haute-)	10
Lot-et-Garonne	11	Seine	553
Lozère	»	Seine-Inférieure	79
Maine-et-Loire	34	Seine-et-Marne	12
Manche	10	Seine-et-Oise	45
Marne	30	Sèvres (Deux-)	12
Marne (Haute-)	7	Somme	24
Mayenne	6	Tarn	12
Meurthe-et-Moselle	25	Tarn-et-Garonne	7
Meuse	7	Var	13
Morbihan	6	Vaucluse	16
Nièvre	13	Vendée	9
Nord	118	Vienne	7
Oise	18	Vienne (Haute-)	19
Orne	12	Vosges	9
Pas-de-Calais	43	Yonne	10
Puy-de-Dôme	17	Alger	13
Pyrénées (Basses-)	20	Constantine	2
Pyrénées (Hautes-)	8	Oran	15
Pyrénées-Orientales	10	La Martinique	2
Rhin (Haut-)	5	La Guadeloupe	»

Chambres de commerce françaises à l'étranger.

Alexandrie.	Barcelone.
Anvers.	Charleroi et provinces wallones.
Athènes.	

Constantinople.
Liège.
Lisbonne.
Londres.
Mexico.
Milan.

Montréal.
Montevideo.
New-York.
Rio de-Janeiro,
Rome.
Sydney.

Ces chambres sont très prospères et rendent les plus grands services : on devrait leur attribuer, en dehors des subventions qu'elles reçoivent, toutes sommes nécessaires à l achat et à l'envoi des échantillons de marchandises demandées dans les pays étrangers. Elles accompagneraient l'envoi de ces échantillons de renseignements utiles sur le prix d'acquisition dans les pays de production et sur le prix de vente dans les pays consommateurs. Les renseignements, centralisés au ministère du Commerce, seraient à la disposition des syndicats intéressés.

BIBLIOGRAPHIE

Aubry (Paul). — *Les syndicats professionnels,* Nancy, 1899.

Bergeron. — *Du droit des syndicats d'ester en justice.* Paris, 1898.

Blanc. — *Les corporations de métiers.* Paris, 1888.

Bohin. — Discours de rentrée à la cour de Besançon (16 octobre 1891).

Boissard. — *Le mouvement syndical en France depuis la loi du 21 mars 1884,* Lille, 1896.

Boullay. — *Code des syndicats professionnels.* Paris, 1886.

Brice (Hubert). — *Les institutions patronales; leur état actuel ; leur avenir.* Paris, 1894.

Cournot (Paul). -- *Du syndicat demandeur en justice dans l'intérêt de ses membres.* Paris, 1900.

Fouqu :. — *La crise de l'apprentissage et les progrès de l'enseignement professionnel.* Paris, 1900.

Gauthier. — *Les industries du bâtiment en 1883.* Paris, sans date.

Goffinon. — *Les problèmes sociaux du travail résolus par les syndicats professionnels.* Tours, 1890.

Havard. — *Les syndicats professionnels,* Paris.

Hubert-Valleroux. — *Les corporations d'arts et métiers et les syndicats professionnels en France et à l'étranger.* Paris, 1885.

Husson. --Conférence sur les syndicats professionnels. Tours, 1890.

Jay. — L'organisation du travail et les groupements professionnels. Cours professé à la Faculté de Droit de l'Université de Paris, 1900-1901.

Martin Saint-Léon. — *Histoire des corporations de métiers*, Paris, 1897.

Masson (Paul). — *Les syndicats professionnels.*

Moindrot. — *Les syndicats professionnels* ; des réformes à introduire dans leur législation. Lyon, 1898.

Paulet (Georges). — Les syndicats patronaux et ouvriers (extrait du *Progrès économique*, 1er février 1894).

Reinaud. — *Les syndicats professionnels ; leur rôle historique et économique.* Paris, 1886.

Annuaire des syndicats professionnels, publié par le Ministère du Commerce.

TABLE DES MATIÈRES

CHAPITRE III

CINQUIÈME PARTIE

Attitude des Chambres syndicales patronales à l'égard de certaines questions actuelles....... 143

CHAPITRE PREMIER

CHAPITRE II

CHAPITRE III

CHAPITRE IV

APPENDICE

BUZANÇAIS (INDRE). IMPRIMERIE F. DEVERDUN.

www.ingramcontent.com/pod-product-compliance
Ingram Content Group UK Ltd.
Pitfield, Milton Keynes, MK11 3LW, UK
UKHW022343130726
13694UKWH00006B/528